十二天突破系列丛书

十二天突破英汉互译

（第三版）

武峰 编著

内 容 简 介

本书是作者多年翻译实践及教学的经验总结,主要针对的读者群是:英语专业高年级本科生、公共英语考研的学生、想通过人力资源和社会保障部的全国翻译专业资格(水平)考试三级笔译或二级笔译的学生、想要参加MTI考研的学生。

本书共安排十二天的学习内容:前六天主要讲解英译汉,包括翻译英语中的定语从句、非谓语动词、被动语态、代词及形容词和副词;后面六天主要讲解汉译英,主要包括增词与减词、动词和谓语部分、连词和连接问题、换主语、中西方文化差异的翻译、英汉互译的要点总结。

本书以简单句和长难句分析相结合,以通俗易懂的语言讲解了翻译的一些基本理念,总结出三大差异、两个步骤、五个规律、一个原则、十种译法,每一天的学习内容都配有少量的课后练习、参考译文和精彩的视频课,让广大学生可以在短期内对英汉互译有全面的认识和了解。

图书在版编目(CIP)数据

十二天突破英汉互译/武峰编著. ——3版. 北京:北京大学出版社,2024.10. ——(十二天突破系列丛书). ——ISBN 978-7-301-35330-1

Ⅰ. H315.9

中国国家版本馆CIP数据核字第2024RH1892号

书　　　名	十二天突破英汉互译(第三版)
	SHI'ER TIAN TUPO YINGHAN HUYI(DI-SAN BAN)
著作责任者	武　峰　编著
责任编辑	吴坤娟
标准书号	ISBN 978-7-301-35330-1
出版发行	北京大学出版社
地　　　址	北京市海淀区成府路205号　100871
网　　　址	http://www.pup.cn
新浪微博	@北京大学出版社
电子邮箱	编辑部 zyjy@pup.cn　　总编室 zpup@pup.cn
电　　　话	邮购部010-62752015　发行部010-62750672　编辑部010-62756923
印　刷　者	北京鑫海金澳胶印有限公司
经　销　者	新华书店
	787毫米×1092毫米　16开本　13.25印张　308千字
	2011年1月第1版　2017年第2版
	2024年10月第3版　2025年4月第4次印刷　总第40次印刷
定　　　价	49.00元

未经许可,不得以任何方式复制或抄袭本书之部分或全部内容。
版权所有,侵权必究
举报电话:010-62752024　电子邮箱:fd@pup.cn
图书如有印装质量问题,请与出版部联系,电话:010-62756370

第三版前言

《十二天突破英汉翻译》出版十二年了，在过去的十二年里，这本书得到了广大读者的支持，重印了35次，得到市场这样的认可，我心满意足。

每一本书都有它自己的生长周期，也有它的历史使命，这次的修订我尽心尽力，此后不再做大规模的修订。

为什么这本书更名为"十二天突破英汉互译"，而不延用"十二天突破英汉翻译"，因为之前有读者对书名有误解，他们认为本书只有英译汉部分，没有汉译英部分，所以特此更名。

那么，在本次修订中，内容有很大的变化吗？是的！有很大且很多的变化！

第一，本书英译汉和汉译英，不会出现哪一部分更多的情况。英译汉和汉译英同样重要，方法和技巧讲解部分几乎同等比重。

第二，鉴于有读者认为译文有不通顺的地方，我将原文和译文的出处全部标出。其实，本书只提供一些翻译的技巧和经验，我个人也觉得有些参考译文不是很好，但是本着尊重原译者的原则，我基本上不做修改，但是确实有错误的地方，确实不符合时代特征的译文，我也稍做了修改。

第三，本书最大的变化是增加了配套的视频学习课程。针对原来大家所说的"十二天的课程"只有一句话的说明：那是以前北京新东方学校MTI的翻译基础课，和本书并没有任何关系，若看那些视频而导致耽误了学习，作者不承担任何后果。这次修订完成之后，本书也有了自己的配套课程，购书后，扫描二维码（只能绑定一个账号）即可得到全部配套视频课程，并且请添加读者小助手微信，加入读者服务群，可获取更多翻译学习的资料与资讯，也可交流学习经验。

最后，感谢各位读者这些年以来的支持，没有你们，就没有这本书的成长！

这本书走到第十二年，也许是一个生命周期的结束，也许也是一个生命周期的开始，真心希望本书和配套视频课程能给大家带来更多学习上的帮助。

武　峰

2023 年 9 月于京西

第二版前言

——致读者

2011年年初，我的第一本翻译书《十二天突破英汉翻译——笔译篇》出版。实际上，这本书是我在北京外国语大学和北京新东方学校教学经验的总结，它更像是一本英汉互译的习题笔记。

其实，我一直也没有太多关注过这本书的销量和推广。五年过去了，突然有一天一位读者告诉我："您的书估计全天下学翻译的人都看过，您去看看当当图书排行榜就知道了。"我简单地看了一下评论，竟达一万条以上，五星推荐，外语类图书排名第40位，英语专项图书第4位。一本小书竟然得到这么多人的赞同和认可，我还是挺开心的。

还有读者告诉我，他们老师上课讲的句子都是"蓝皮书"（《十二天突破英汉翻译——笔译篇》）里的，更有读者告诉我，中国几大外国语院校的教授们都看我的书。自己何德何能，凡夫俗子，能引起这么多学翻译的人的共鸣，我觉得还是挺幸运的。

实话实说，这本"蓝皮书"更像是一本技巧和方法集，后来出版的"紫皮书"（《英汉翻译教程新说》）和"黄皮书"（《考研英语翻译新说》）才真正地将"蓝皮书"中的技巧和方法运用到实践当中。若将这几本书配合起来学习，效果更佳，也能起到理论与实践相结合的作用。

但是，本书从一出版我就发现有一些词汇使用不当和语法错误等，终于下决心在2016年的冬天改版，主要是为了修正以上错误，在不增加例句和例题的情况下尽量将本书做得更加完美。

感谢一直以来读者们对本书的批评和指正，这样才能让这本书变得更好！一本书不能代替一门课程，更不能代替教师的讲解，毕竟这本书只是我十多年来做翻译和教翻译的经验总结。翻译是一门需要大量练习的学科，我只希望这本书能给想学翻译的人以些许点拨与启发。

感谢各位读者一直以来的大力支持。

这本书再修订也会有不妥之处，欢迎各位读者继续"找茬"。

我的联系方式——微信公众号：武哥教翻译，新浪微博：Brotherfive。

武　峰

2016年秋于美国密歇根州兰辛市

十二天能学成笔译吗？

——我的自序

这篇序言我写了很久，每每看见这个题目，我总是忍不住想取笑自己一番，因为想要十二天学成笔译是非常困难的，所以每次想写下去的时候似乎都缺少一些勇气。2008年我在北京大学出版社出版了《十二天突破英语语法》，这本书的价值得到了大多数人的肯定，但是也有很多人提出了质疑。难道语法真的可以在十二天内学会吗？这个问题我不再赘述，因为在那本书的序言中我用了很大的篇幅进行了说明。在后来的两年里，我一直在不停地思索下一本书的思路，根据我自己的教学经验和方法，我决定在笔译方面让更多的人有所突破。其实，很多时候我自己十分清楚笔译和语法不是一个层面的问题。因为语法学习属于英语中比较基础的部分，但是笔译则是相对高层次的技能。作为英语学习者，我们经常会说，翻译是学习英语的最高境界。但是我偏偏选择这个题目来写，这是有一定原因和想法的。

首先，语法和笔译有一定的关联性。无论是汉译英还是英译汉，对语言结构的理解都是最重要的，所以要想学好笔译首先要学好语法，语法是笔译的一门基础课。在英译汉中，如果我们无法了解句子的结构，就不能很好地断句，找到句子的主干，从而分析句子的结构，进而明白其中的意思。在汉译英中，如果我们能很好地掌握汉语的语言规则，那么翻译成英语也就不是什么困难的事情了。

其次，这和我的教学经验有一定的关系。这些年我主要教授语法和翻译课程，尤其是笔译课程，并形成了一套教授这些课程的方法和感悟。不敢说是什么金科玉律，但是至少对于刚迈入学习翻译这个圈子的人来说，确实提供了一种思路和想法，我想这应该是有一些好处的。

在教授翻译的这些年中，我在不停地思索一种比较好的方法，使其能为大家所接受，而不是死板地抱着课本念译文。当然，在这里不是批评那些使用这种方法的教学人员。我一直认为任何课程都有一定的规律，而不是只要有教材就能学明白。如果是这样的话，那么老师还有什么用呢？就拿人力资源和社会保障部的全国翻译专业资格（水平）考试三级笔译（以下简称人社部三级笔译）来说，考试中英译汉较长，汉译英较短，主要考查英译汉中长难句的分析、专业名词的用法以及中西方语言的差异。只有认真研究试题，把考点弄明白，再结合一定的翻译方法，在短期的学习中，非英语专业的人员才能通过这个考试。如果只是一味地追求译文是什么，答案是什么，那么最后的结果可能并不理想。本书的目的也就在于此。我想让大家能够掌握一些翻译最基本的原则，而不是什么高深的理论和技巧。在本书中，我也没有讲授任何关于文学翻译的内容，因为这些内容实在不适合翻译的初学者。我更多地使用了上课时的一些材料，准确地说，是我在北京新东方学校教授三级笔译、听说翻译、考研翻译等课程的一些内容。本书的读者定位不是有多年翻译经验和翻译专业研究生及以上学历的人，而是英语专业的高年级本科生、欲攻克考研公共英语科目的学生和想通过人社部三级笔译或二级笔译的人，以及想要参加翻译硕士专业学位（MTI）入学考试的同学。当然，如果只是为了学习翻译来看这本书的话，我想也是可以的。

在这里我为大家提供四种学习翻译的方法。

第一，翻译是一个涉及两种语言的活动，在大家学好英文的同时，更应该学好中文。正如我国著名翻译家王佐良先生说过的：“想要学好翻译，首先就是要对本国的语言能够驾驭。”我们学英语的人做英译汉比汉译英相对都要好一些。根据我的经验，大家刚开始学习翻译的时候，先学习英译汉会更加容易一些。

第二，多学习非文学翻译。笔译基本上可以分为文学翻译和非文学翻译。对于初学者来说，非文学翻译语言结构相对简单，内容相对广泛，上下文比较容易理解；而文学翻译，有时译者可能连作者在说什么还没有弄明白，何谈翻译呢？

第三，要记住本书中讲的三大差异、两个步骤、五个规律、一个原则和十种译法。这些是翻译的一些基本理念，也是我在教学过程中的总结，可以说是本书的精髓所在。弄明白这些内容，然后把每天后面的练习认真做完，对照答案，一个字一个字地核对，找出和译文不一样的地方，想一想为什么不一样。刚开始学习翻译时，要尽量按照参考译文来翻译，不要认为这样翻译也可以，那样翻译也可以。

第四，要持之以恒地练习。著名翻译家傅雷曾经说过：翻译最大的技巧就是实践。十二天的学习内容只能让大家对翻译有所了解，有所认识。就像一开始所说的那样，想十二天就学成翻译是不可能的。

以上就是我对于这本书的一些认识，其实说来说去还是对自己这些年教学经验的总结，我愿意将这些总结与大家一起分享和共勉。

写到这里该结束我的序言了，同时也要感谢很多人在我编写这本书的过程中给予的帮助和支持。

感谢北京外国语大学和新东方科技教育集团的老师们以及北京大学出版社的编辑和领导们在出版此书过程中对我极大的帮助和支持。

最后，我还要感谢这么多年以来关心我、爱护我、提携过我的所有人，谢谢大家！

这本拙著中还有很多不尽如人意之处，恳请广大读者批评指正，我将感激不尽，感谢你们对我的支持，谢谢大家！

关于英汉互译的学习，如有问题需要联系我，请将信息发送到我的电子邮箱：wufeng@bfsu.edu.cn。

武 峰
2010 年国庆于北京外国语大学东院

翻译概论及本书的使用

什么是翻译

所谓翻译，就是翻译"意思"，美国著名翻译理论家奈达说得好："Translation means translating meaning."苏联著名翻译理论家巴尔胡达罗夫曾经说过，翻译的实质就是把一种语言的话语转化成为另一种语言的话语。简而言之，就是把一种语言要表达的意思用另外一种语言表达出来。

翻译简史

西方的翻译大约从公元前三世纪至公元前二世纪开始，由七十二名犹太学者在埃及亚历山大城翻译的《圣经·旧约》，即后人所称的《七十子希腊文本》，是西方有记载的最早的翻译；公元前三世纪中叶罗马文学家安德罗尼柯用拉丁语翻译了希腊荷马史诗。从那以后，西方共经历了六次大的翻译高峰，早期和中世纪主要都是翻译《圣经》及经院哲学的相关书籍。文艺复兴以后，文学翻译也有了进一步的发展，其后的几百年，西方翻译理论和实践都有了长足的进步。特别是在第二次世界大战之后，西方正值第六次翻译高峰，无论是在范围上还是在形式和内容上，西方的翻译都处于整个翻译界的领先地位。

中国的翻译最早是从佛经开始的，其中著名的翻译家有玄奘等。中国早期的翻译主要集中在对经书的翻译上，直到明朝时西方传教士进入中国之后，中国才开始有了真正意义上西方语言的翻译，至清末民初出现了严复和林纾这样的翻译大家。五四运动之后，中国开始翻译西方马列主义的经典著作和文学作品，鲁迅和瞿秋白就是这个时期著名的翻译家。中华人民共和国成立之后，特别是在改革开放之后，出现了一大批翻译家，现在中国正处在第五次翻译高峰期。

但是，总体上来说，中国的翻译和西方相比还有一定的差距，特别是在翻译理论的研究方面。现在中国有一大批高校在本科和研究生阶段开设了翻译专业，有一批具有高学历的翻译研究人员工作在第一线。在不远的将来，中国一定能够开创翻译事业的新局面。

本书的使用

"本书的使用"放在这里是为了让读者在学习本书之前先了解本书的作用和使用方法。在编写本书的过程中，笔者并不想用常规的方式来向读者介绍翻译方法，而是更多地从语法的角度来探讨翻译的特点和实质。词汇一直以来都是翻译者的大问题，但是在笔者看来，学习笔译的同学一般都有词典（包括汉英和英汉两种），所以词汇并不是本书讨论的重点。结构反而是本书的一大特色，在本书中，供读者每天学习的例句不会很多，但是这些句子都是笔者精心挑选的，都是笔者多年教授翻译课程的经验总结，所以笔者会详细地分析每个句子，通过对句子的分析来说明翻译的过程，以及作为一个译者看待句子的方式。

笔者并没有完全按照翻译教科书的一般原则列出很多练习，而是在每天的讲解完毕之后列出很少的、但是很有针对性的练习，供读者回顾和巩固所学习的知识。

在学习本书的整个过程中，仔细看明白每个例子当中的分析很重要，因为笔者在每个例子中会总结很多中西方语言的差异；每个 Tips 更加重要，因为这些都是笔者的心得体会和对于语言的感悟。笔者将在本书当中讲到中西方语言的三大差异、两个步骤、五个规律、一个原则和十种译法。其实，这所有的一切都是笔者的经验总结，并不是什么"灵丹妙药"，如何将它们运用在翻译的过程中才是最重要的。天下的翻译技巧有无数，但是笔者总结的就是这么简单的几个，能把这几个学会，也就算是入门了。至于翻译美学、翻译心理学等，这些都不在本书的讨论范围内。

书中有下画线的内容是比较重要的翻译方法，Tips 是说明一些翻译方法，字体标蓝色表示强调，斜体表示翻译错误。

目　录

第一天　突破英文中定语从句的翻译（一）……………………………………… 1
第二天　突破英文中定语从句的翻译（二）……………………………………… 19
第三天　突破英文中非谓语动词的翻译…………………………………………… 37
第四天　突破英文中被动语态的翻译……………………………………………… 53
第五天　突破英文中代词的翻译…………………………………………………… 73
第六天　突破英文中形容词和副词的翻译………………………………………… 87
第七天　突破英汉互译中的增词与减词（一）…………………………………… 101
第八天　突破英汉互译中的增词与减词（二）…………………………………… 113
第九天　突破中文里的动词和谓语部分…………………………………………… 127
第十天　突破中文里的连词和连接问题…………………………………………… 143
第十一天　突破中文里的主语问题………………………………………………… 161
第十二天　突破中西方文化差异的翻译…………………………………………… 175
终章　英汉互译的要点……………………………………………………………… 189

第一天

突破英文中定语从句的翻译(一)

一、定语从句的翻译

(一)简单说说定语以及怎样对其进行翻译

定语从句的翻译一直以来都是所有翻译考试的重点,但是由于中西方语言的差异较大,在翻译定语从句的时候,往往会出现很多的问题。在本书中,笔者所有的翻译方法都是从中西方语言的差异出发,然后总结出来,从而推广运用到所有的句子和文章中。然而,文无定法,所有的方法都是笔者自己的总结,不是万能的,只能说是大多数句子适用这些方法,一旦遇到新的情况和问题,我们还是要具体问题具体对待,这可能就是所谓的"特殊情况"。

讲到定语从句的翻译,我们还是先从中英文定语的特点说起。中文里的定语是前置还是后置的呢?

例如 一个漂亮的小女孩
　　　清香的茶叶
　　　著名的诗人

由以上例子可以看出，在中文里一个词修饰另一个词的时候，一般是前置的，后置的情况不常见，甚至可以说没有。但是一个短语或句子修饰一个词的时候，会是什么样的呢？

例如 坐在门口的孩子

拿着手机的小姑娘

昨天晚上趴在房上的小白猫

由以上例子可以看出，在中文里一个短语或一个句子，甚至多个句子修饰一个词的时候，一般来说也是前置，后置基本没有。但是，中文里是不是就没有后置定语呢？其实，并不是这样的。目前，保留中文后置定语的情况一般在古代汉语和法律专业文献中常见。

例如 中国疆域之辽阔，人口之众多，资源之丰富令人们惊叹。

这也就是由"之"引起的定语后置的情况。在翻译这种句子的过程中，需要将定语进行前置，翻译出来的结果是这样的：

People are amazed at the fact that China has a vast territory, a large population and plentiful resources.

讨论完中文的情况之后，我们来看看英文会是怎样的。

e.g. a pretty girl

a famous poet

由以上例子可以看出，在英文里一个单词修饰另一个单词时一般也要前置，但是后置的情况也不少见。

e.g. a child adopted

这种情况属于过去分词修饰名词，是可以后置的，但是也不等于所有的过去分词在修饰名词时都要后置。

e.g. a physician alive

这种情况属于以 a- 开头的形容词（也称为表语形容词）修饰名词时，一定要后置，基本上所有以 a- 开头的形容词做定语时都要后置。所以，英文中一个词修饰另一个词的时候，存在前置和后置两种情况。

那么，一个词组，甚至是一个句子修饰一个单词的时候，是前置还是后置呢？

e.g. a boy standing under the tree

two teachers waiting for you

a kind of knowledge which can enlighten the whole world

a book which may help you pass this exam

由以上例子不难看出，词组或句子在修饰一个单词的时候一般是<u>后置</u>，而<u>几乎没有前置</u>，这样也就引起了英文中后置的定语从句。所以，英文中的定语翻译成中文的时候，大都是<u>前置</u>。而词组和句子又是如何翻译的呢？这就是今天我们需要讨论的重点。首先请看下面的这个句子：

例句1　On the whole, such a conclusion can be drawn with a certain degree of confidence, but only if the child can be assumed to have had the same attitude towards the test as the others with whom he is being compared, and only if he was not punished by lack of relevant information which they possessed. （本句选自考研英语阅读真题。）

看到一个英文句子，我们首先要做的事情是什么呢？这就是要重点介绍的英译汉"<u>三步曲</u>"。我们常说，看见一个英文句子时，首先要找到主干，但是这个方法实在有些让人摸不着头脑，因为找主干属于比较抽象的步骤，没有可操作性。这里，我们所提倡的方法就是要有可操作性，所以大家要记住第一步是<u>断句</u>。例句1在断句之后就变成：

On the whole, /such a conclusion can be drawn/with a certain degree of confidence, /but only if the child can be assumed to have had the same attitude/towards the test/as the others/with whom he is being compared, /and only if he was not punished/by lack of relevant information/which they possessed.

很多人会问为什么要这样断句。我们在这里先请大家知道有断句这么回事，然后再慢慢地讲解断句的主要方法是什么。第一步<u>断句</u>之后，第二步就是<u>翻译</u>，在我们刚开始学习翻译的时候，所提倡的方法是<u>字对字</u>的翻译，在翻译理论中称为"对等论"。虽然方法有些简单,但是很少有人能做到,因为大多数人所做到的都是"意译",是在"创作"而不是翻译。所以,在第二步中,我们要尊重说话者的意思,所谓笔译的"信、达、雅",首先就是"信"。而所谓"信",在严复看来就是别人怎么说的,我们就怎么翻译。所以上面的句子就可以翻译成这样:

译文:总体上来说[1],得出这样一种结论[2]需要[3]一定程度的把握,只要假设这个孩子对于测试的态度,和与之相比较的其他孩子的[4]态度相同[5],也只要他没有因为缺少别的孩子所拥有的[6]相关信息而受到惩罚[7]。(此版本来源于考研英语阅读真题的官方参考译文,且本句之后还有两句,由于翻译方法展示的需要,所以并未选取整句。)

分析

1. on the whole 这个短语翻译比较简单,因为是固定用法,可以翻译为"总体上来说"。

2. 翻译这个句子存在一定难度,因为原句当中出现了被动语态,而被动语态是英语翻译考试中的重点,在这里不做详细的说明,本书的第四天会专门讲解被动语态的翻译方法。本句则采用了"被动变主动"的翻译方法。

3. "需要"这个词的翻译非常重要,因为在原文中是介词 with,在这里要讨论一下 with,也就是英文中介词翻译成中文的方法。

e.g. There is a book on the desk.
桌上有本书。

在这里介词 on 翻译成了中文里的"上",而"上"恰恰又是中文里的方位副词。

e.g. I went to Paris by plane.
我坐飞机去巴黎。

在这里介词 by 翻译成了中文里的"坐",而"坐"恰恰又是中文里的动词。

e.g. The teacher came into the classroom with a book and a dog.
老师带着一本书和一条狗走进了教室。

在这里介词 with 翻译成了中文里的"带着",而"带着"恰恰又是中文里的动词。

根据以上的翻译可以得出英文中介词的翻译方法:英文中的介词可以翻译成中文里的方位副词或动词。

4. 定语从句 with whom he is being compared 用来修饰前面的 the others，而这个句子比较短，所以我们用<u>前置</u>的方法来处理，也就是把定语从句放在被修饰词的前面。

5. 这个 only if 引导的句子比较长，所以在翻译的时候首先需要断句，然后注意这个句子当中的一些特殊成分，如 towards the test/ as the others/ with whom he is being compared，这三个成分分别是状语、状语和定语从句。我们在翻译的过程中，需要将这几个状语提到句子的中间甚至句首来进行翻译，而不是按照原来的顺序翻译。那么，这又是为什么呢？我们来看看以下的几个例句。

e.g. I went to Paris by plane.
我坐飞机去巴黎。

为什么不翻译成：*我去巴黎坐飞机。*

e.g. The teacher came into the classroom with a book and a dog.
老师带着一本书和一条狗走进了教室。

为什么不翻译成：*老师走进了教室带着一本书和一条狗。*

可能很多同学会说这是一个通顺不通顺的问题，或是一个习惯的问题，实际上，这都是错误的，因为这和中文的语序有很大关系。在这里，我们用很通俗的方法来教同学们掌握中英文的语言顺序。

中文：先出主语 + "废话"（包括定语、状语、补语和插入语等）+ 最重要成分

英文："废话"（包括定语、状语、补语和插入语等）+ 主语 + 最重要成分 + "废话"（包括定语、状语、补语和插入语等）

由此可见，中文是将不重要的成分放在最重要成分前面进行表达，而英文则恰恰相反，就是先把主要内容全部表达清楚，再表达其他成分，这也是为什么定语从句放在被修饰名词之后，而不是之前的原因。

例如 中国作为一个发展中的大国高度重视中美两国之间的双边关系。

误：*China is a major developing country and attaches great importance to the bilateral relations between China and the U.S.*

分析：这种译法实际上没有什么问题，但是它只是符合了口译的原则，没有很好地体现出刚才所说的笔译中中英文语序的原则。根据笔译的特点，以上这句话我们可以翻译为：

正：As a major developing country, China attaches great importance to the bilateral relations between China and the U.S.

这样翻译就能够更好地体现出主语和"废话"之间的关系，China 是主语，后面"作为发展中的大国"是状语，而不是谓语，所以翻译出来的句子更加符合英文的习惯。当然，若将 China 作为主语，as a major developing country 作为插入语也是可以的。

6. 定语从句 which they possessed 修饰 relevant information，这个句子较短，所以前置，翻译成"他们所拥有的相关信息"。

7. 这个以 only if 引导的句子，我们在前面进行了断句，这样断句是由 not...by 这个短语造成的，因为这个短语本身可能引起否定转移的情况，所以要注意 not 位置的变化。

以上七点是翻译这个句子时需要注意的关键点。在考试的过程中，必须要把这几个关键点看出来，翻译出来，才能真正地表达出说话者的原意。而到了第三步的时候，就主张大家"重读"。何为"重读"呢？重读就是脱离原文，读译文，让句子更加符合中文语法的要求，更加流畅，更加有美感。这样一个句子才算翻译成功了。

从以上这个句子的翻译我们不难看出，要想把一个句子的意思说出来并不是一件很难的事情，但是，要想按照中文的语法习惯来表达却是一件很不容易的事情。所以我们在学习翻译的过程中，特别是学习笔译的过程中，加强中文的学习是很必要的。这样一来，两种语言提升之后才可能把笔译学得更好。在上面的分析过程中，我们还讲到了英译汉"三步曲"——断句、翻译和重读，在这三步的任何一个环节当中出现问题都将是致命的。

（二）谈谈定语从句的翻译方法

既然刚才已经说过了英译汉的简单过程，那么接下来就和同学们谈谈定语从句的翻译方法。通过多年的翻译实践，笔者总结出定语从句的翻译主要有以下三种方法。

（1）前置译法：就是将定语从句完全置于被修饰词之前，在定语从句后面加上一个"的"就可以了。

（2）后置译法：就是将定语从句完全置于被修饰词之后，但是要注意的是，需要翻译关系词。

什么是关系词呢？关系词就是在定语从句中引导定语从句的单词，如which, that, whose, who等。这些词在定语从句中起到至关重要的作用，一旦定语从句后置，在翻译时就要将它们翻译为具体的名词，而不是置之不理。

（3）句首译法：就是将定语从句完全置于整个句子的前面，调整全句语序。但是，这种翻译方法不是十分常见，因为在刚开始学习笔译的时候，我们不主张改变句子结构，不然很容易引起句子的歧义。

现在，又有问题出现了，就是该如何使用这些方法，什么时候前置，什么时候后置，这是一个纠缠了很多年的问题，直到最近才"勉强地"用定量的方法解决了这个问题，不需要再说出"短前长后"的原则了，因为"短前长后"这个原则很牵强，短句子和长句子很难分清，所以，以定语从句的长短来判断是最好的。根据多年的经验，八个单词（包括八个单词）以下的定语从句前置，而多于八个单词的定语从句则后置。但是这并不是绝对的，这点必须要说明清楚！翻译方法一定要灵活运用，然而对于我们初学者来说，这却是一个很好的衡量标准。

让我们来一起看看以下这几个句子的翻译和分析。

例句2

Behaviorists suggest that the child who is raised in an environment where there are many stimuli which develop his or her capacity for appropriate response will experience greater intellectual development.
（本句选自考研英语阅读真题。）

误：行为主义者建议，生长在能够发展他或她适当反应能力的有刺激的环境里的孩子会经历更大的知识成长。

分 析

很显然，例句2如果这样翻译，首先读者读不懂它是什么意思，而且在任何考试当中，这样翻译应该也得不到基本的分数，因为译者没有表达出说者的基本意思，最重要的是没有进行断句和合理的分析。

第一步：断句

Behaviorists suggest that/ the child/ who is raised in an environment/ where there are many stimuli/ which develop his or her capacity for appropriate response/ will experience greater intellectual development.

断句之后的分析：不难看出，这个句子是由一个主句和一个宾语从句构成，而在宾语从句中出现了三个定语从句，而且三个定语从句都很有特点，也是我们平常比较少见的，就是每一个定语从句都是在修饰前一个定语从句中的最后一个名词。这样就形成了一种循环的状态，我们也把这样的定语从句称为"循环套用"定语从句。结构如下：

中心词 + 定语从句1 + 定语从句2 + 定语从句3 + ……定语从句N

实际上就是有N个定语从句，定语从句1修饰中心词，定语从句2修饰定语从句1，最后一个定语从句修饰倒数第二个定语从句中的最后一个名词。

遇到这么复杂的定语从句时我们该怎么处理呢？一般来说，三个定语从句循环套用比较常见。要么把定语从句1和定语从句2放在一起翻译，把定语从句3单独翻译；要么把定语从句1单独翻译，定语从句2和定语从句3放在一起翻译。方法有了，但是怎么使用呢？又怎么确定把哪几个定语从句放在一起呢？实际上只要根据长度来判断就可以了，这种简单粗暴的方式只适合入门学习者，不要当作金科玉律！请看下面的公式：

定语从句1 + 定语从句2 ≈ 定语从句3时，把前两者放在一起翻译

定语从句1 ≈ 定语从句2 + 定语从句3时，把后两者放在一起翻译

现在，又出现了两个问题。第一，为什么要根据长度来判断？因为前后平衡也是一种"雅"的表现，到底通顺与否，还是要根据句子的整体意思来判断。第二，如果三个定语从句长度差不多，该怎么办呢？究竟是把前两个放在一起翻译，还是后两个放在一起翻译，或是三个定语从句都单独翻译？这要根据句子的具体内容来

判断。目前来看，这种循环套用定语从句在 MTI、CATTI 或其他各类翻译考试中都经常出现，希望引起所有同学的重视。

在分析完定语从句的特点之后，就可以断定这些定语从句的翻译可采用后置译法，因为它们总体的数量超过了八个单词，而且是把前两个定语从句放在一起翻译，后一个定语从句单独翻译。

第二步：翻译

行为主义者认为[1]，孩子生长在有很多刺激的环境里[2]，这些刺激[3]发展了他或她[4]适当反应的能力，他[5]就会经历更大的知识发展。

这明显比上一个版本有所改进，因为我们处理了定语从句。有改进的地方如下：

1. 一般来说，一个人或是一群人的后面出现了一个动词，动词后面有宾语从句，即使我们不认识这个单词，我们都会把这个词翻译成"<u>认为</u>"，这种方法比较适用于考试，但也不是绝对的！

2. 定语从句1和定语从句2放在一起翻译，但是定语从句2比较短，少于八个单词，所以要放在定语从句1的前面翻译。

3. "这些刺激"就是句子当中的 which，这里把 which 翻译出来，就是我们讲的要把后置定语从句中的关系词翻译出来的方法，在这里一定要明确 which 指的是什么。

4. 这个"他或她"的翻译不是很地道，因为中文里一般不用这样的表达法，我们可以到第三步重读的时候进行调整。

5. 这个"他"就是在翻译过程中出现的增词现象，因为把定语从句后置之后，主句的谓语也就缺少了主语，那么我们在翻译时需要增加主语，这属于"<u>自然增词法</u>"。

根据以上的分析，我们知道整个句子还存在一定的问题，所以在进行第三步的时候要适当地改变一些词的用法。

第三步：重读

正：行为主义者认为，一个孩子如果成长在有很多刺激的环境里，而这些刺激促进了其适当反应能力的发展，那么这个孩子就会有更大的智力成长。（此版本来源于考研英语阅读真题的官方参考译文。）

这一步极其关键，因为在处理整个句子关系的时候，我们增加了"如果……那么""而"等词，将"他或她"变成了"其"，将"发展"变成了"促进了……的发展"。直到这时我们才能说这个句子算是翻译完毕了。虽然很花费时间和心思，但是，笔译本身就是一个咬文嚼字的过程，而不是随随便便把意思说明白就可以了。

例句 3　The Greeks assumed that the structure of language had some connection with the process of thought, which took roots in Europe long before people realized how diverse languages could be.（本句选自考研英语翻译真题。）

误：希腊人假设，语言的结构和思想的过程之间有着一些联系，这些联系在人们认识到有多么不一样之前就已经在欧洲植根很久了。

分析

上面版本的译文基本上是按照字面意思翻译的，没有改变语言原有的结构，但是整个句子的内容却和原文要表达的内容相差甚远。

第一步：断句

The Greeks assumed that/the structure of language had some connection with the process of thought, /which took roots in Europe/long before people realized/how diverse languages could be.

断句之后的分析：句子现在变成了一个主句、一个宾语从句和一个非限定性定语从句。这样明确的结构让同学们在翻译的时候可以一目了然。

第二步：翻译

希腊人认为[1]，语言的结构和思维的过程之间存在着某种[2]联系，这种联系早在人们认识到语言的多样性之前[3]，就已经在欧洲植根了。

1. 这里的 assume 不应该翻译为"假设"，而是"认为"，这个方法在上一个句子中已经用到过了。

2. some 应该翻译为"某些"或"某种"，而不是"一些"，因为科学家在表达某种观点时都会考虑到不确定性的存在，而"某些"这个单词刚好符合这个要求。

3. 这里的断句十分必要，因为如果不断句，这个句式就会过长，不符合中文的语言特点。

第三步：重读

正：希腊人认为，语言的结构和思维的过程之间存在着某种联系，而这种观点[1]早在人们认识到语言的多样性之前，就已经在欧洲植根了。（此版本来源于考研英语翻译真题的官方参考译文。）

1. 这句话当中的 which 非常重要，因为非限定性定语从句的翻译应当遵循后置译法，而这种译法主要考虑的就是关系词的译法。在前面两种版本的译文中，这个单词都翻译成了"联系"。实际上，根据整句的特点可以发现，which 是指前面整个句子，而不是"联系"，如果在翻译的时候没有注意到这个要点，这将会成为整个句子的败笔。

整体上来说，这个句子比上一个句子简单，而且句子中没有什么生词，在翻译的过程中只要注意结构方面的问题就足够了。

例句 4

Prior to the twentieth century, women in novels were stereotypes of lacking any features that made them unique individuals and were also subject to numerous restrictions imposed by the male-dominated culture.（本句选自 GRE 真题。）

误：20 世纪以前，小说中的妇女都是缺少了使她们成为独立个体的特征的模式，还屈服于男性主导的文化强加给她们的种种束缚。

分析

例句 4 之所以翻译错误，最主要的不在于单词翻译的问题，因为单词本身都很简单，主要在于断句的错误，没有成功断句是这个句子的致命伤。

第一步：断句

Prior to the twentieth century, /women in novels were stereotypes/ of lacking any features/ that made them unique individuals and/ were also subject to numerous restrictions/ imposed by the male-dominated culture.

断句之后的分析：句子由一个主语、两个系表构成，第一个表语后有定语从句，第二个表语后有过去分词短语的结构。而且，在 of 之前的断句十分必要，因为如果不断句，翻译出来的句子就会和上面一个版本一样，句子会不通顺。

　　同学们在练习翻译的时候，往往会出现句子翻译出来后自己也读不懂是什么意思的情况，这个问题解释起来非常复杂，原因很多，其中最重要的原因就是我们在结构上没有处理好。所以，如果读起来不通顺，我们便可以重新断句。这个方法一定要掌握。当然，专业词汇也是一个至关重要的环节，例如科技翻译中我们不懂的内容特别多，所以我常说——翻译，最核心的是单词！

第二步：翻译

　　20 世纪以前[1]，小说中的妇女都是这样一种模式，她们缺少了让其[2]成为独立个体的一些特征[3]，还屈服于男性主导的文化强加给她们的[4]种种束缚。

　　1. prior to 是一个经典的介词短语，是 before 的书面语体，所以主张多用这个短语。如"中华人民共和国成立以前"，可以翻译为 prior to the founding of the People's Republic of China，将"成立"这个动词进行名词化改造就可以了。

　　2. "其"是中文专门用来表示第三人称的字，在这里用来代替前面出现过的名词显得十分有意义。

　　3. 断句之后出现的两个小句子显然比前面的译文更加通顺。首先，在"模式"这个单词前面加上了一个"这样"，这个词可以代替前后所出现的短语和句子。这是一个重要的中文语法现象，在后面的讲解中我们会详细讲到。其次，原文中 lacking 本身是一个动词，缺少主语，所以译者在翻译的时候加上了"她们"这个主语，让句子更加流畅。

　　4. 过去分词 imposed by the male-dominated culture 起到了修饰前面 numerous restrictions 的作用，相当于定语从句。当然，分词的翻译也很重要，在第三天的学习中，我们会着重讲到这个问题。这个过去分词短语较短，可以当作前置定语来翻译，翻译出来就变成了"男性主导的文化强加给她们的种种束缚"。

第三步：重读

正：20世纪以前，小说中的妇女都是这样一种模式，她们缺少了让其成为独立个体的一些特征，她们[1]还要屈服于男性主导的文化强加给她们的种种束缚。（此版本来源于GRE真题的官方参考译文。）

1. 在最后一步重读中，我们发现were also subject to...这个句子是第二个谓语，而谓语前面又缺少主语，所以我们在这里增加一个主语"她们"，这样这个句子就既流畅又完整了。

例句5

Aluminum remained unknown until the nineteenth century, because nowhere in nature is it found free, owing to its always being combined with other elements, most commonly with oxygen, for which it has a strong affinity.（本句选自GRE真题。）

误：铝直到19世纪才被人类发现，因为在自然界找不到自由的铝，因为它经常和其他元素相结合，最常见的是和氧结合，因为它有很强的亲和力。

这个版本的译文看起来似乎很通顺，可能也就是出现了一些单词上的翻译错误，只要通过查专业字典来纠正就可以了。但是这个句子出现了致命的问题，即我们只按照它本身的顺序翻译，没有考虑各个分句之间的逻辑关系，这样翻译更类似于"视译"，而不是笔译了。

TIPS

视译是翻译当中的一种方法，一般介于笔译和口译之间，要求译者在规定的时间内，看着指定材料或屏幕等，有顺序地将所有指定的内容翻译出来。

第一步：断句

Aluminum remained unknown until the nineteenth century, /because nowhere in nature is it found free, /owing to its always being combined with other elements, /most commonly with oxygen, / for which it has a strong affinity.

断句之后的分析：这个句子断句之后出现了和以前不太一样的情况，即所有断句的地方就是逗号所在的地方，而不存在任何分析的过程；句子之间的关系也比较明确，没有任何需要调整的问题。实际上，句子类型不同，我们要采取的处理方法也不同。

英文中的句子按照经验判断一般有四种类型，到例句5时，我们已经遇到了两种，其余两种我们会在后面讨论。第一种是不带有很多逗号的长句，句子结构比较复杂，我们所要做的事情就是先断句，再翻译，最后就是重读。而第二种句子的类型就是现在所遇到的句子，即带有很多逗号的长句，不需要任何断句，按照顺序就能看明白其意思。那么，我们应该怎么办呢？首先还是先断句，看看有没有什么不明白的地方。其次就是在这些句子当中寻找哪个句子更加重要，哪个句子相对不重要。我们说过，重要的句子要后翻译，而不重要的句子要先翻译。按照专业的说法，就是寻找句子之间深层次的逻辑关系。当然，这一步对于刚开始学习翻译的同学来说有点难。在寻找逻辑关系的同时，我们也要把句子的结构分析得十分明确和透彻。做完这一步之后，就着手翻译，然后重读，完成翻译。

第二步：翻译

铝[1]因为通常来说和其他元素相结合，最通常的就是和氧结合，因为它有很强的亲和力，所以[2]在自然界找不到游离态[3]的铝，铝直到19世纪才为[4]人类所发现。

分析：这个翻译的版本比刚才那个更加具有逻辑推理的关系，而且译者在处理句子时也找到了正确的逻辑关系。这个逻辑关系是什么呢？让我们来分析一下：整个句子是一个主句，后面有一个从句（原因状语从句），接下来有一个这个从句的从句（原因状语从句），再后面是一个同位语，最后还有一个定语从句来修饰同位语中的名词。从逻辑上来说，最不重要的句子应该是最后一个定语从句，我们在讲定语从句的翻译时曾经提到，定语从句一般不放在句首翻译，所以将它放在句首不合适。次不重要的就是同位语，而同位语的前面部分和后面部分同样重要。按照这个分析，翻译的先后顺序为：第二个原因状语，同位语，定语从句，第一个原因状语，主句。以上第二个版本的译文就是按照这样的顺序翻译出来的。

1. 因为中文句式特点要求先出主语，所以把"铝"放在最前面。

2. 原句中的单词是 because，但是我们翻译成了"所以"，这是根据逻辑关系演变而成的，所以把"因为"翻译成"所以"也就成为可能。

3. free 在这里表示化学上的"游离态"，不是通常意义上的"自由态"，同学们对专业词汇的学习十分必要。

4. "为"这个字代替了"被"，因为"被"本身在现代汉语中用的比较少，即使出现也大多表示贬义。

第三步：重读

正：铝，因为通常来说和其他元素相结合，最通常的就是和氧结合，因为铝和氧[1]有很强的亲和力，所以在自然界找不到游离态的铝，铝直到 19 世纪才为人类所发现。（此版本来源于 GRE 真题的官方参考译文。）

1. 在上一个版本的译文中，我们翻译成了"它"，但是并不知道"它"究竟指的是什么，因为英文善于用代词，而中文却善于用名词，不怕重复。所以，在这里我们要弄清楚 which 和 it 分别指的是什么。经过前后文的分析可知，which 指氧，而 it 指铝，所以翻译出来就是"铝和氧"。

这个句子是 GRE 阅读考试中的一个经典句子，一般来说，能看懂就很不容易了，在翻译时问题就会更多。我们翻译出来的句子要能让一个没有学过这个专业的人在阅读后也能明白其中的意思，这是非文学翻译所追求的目标。

例句 6 They (the poor) are the first to experience technological progress as a curse which destroys the old muscle-power jobs that previous generations used as a means to fight their way out of poverty.（本句选自 GRE 真题。）

误：穷人首先体会到科技进步作为诅咒，诅咒摧毁了旧式的体力劳动，以前几代人用旧式的体力劳动作为手段来摆脱贫困。

第一步：断句

They (the poor) are the first to experience technological progress/ as a curse/ which destroys the old muscle-power jobs/ that previous generations used as a means/ to fight their way out of poverty.

断句之后的分析：这句话从断句的情况来看就是我们在前面介绍过的"循环套用"定语从句，但是这个"循环套用"比例句 2 少一个定语从句，也就是：

中心词 + 定语从句 1 + 定语从句 2

这种句型结构在翻译考试中出现较多，翻译起来也很容易，只需要将定语从句 2 置于句首，定语从句 1 在后，把含有中心词的句子放在最后翻译就好了。因为中文是将主要内容放在最后阐述，把最不主要的内容放在句子前面阐述。这种翻译方法也是我们难得遇到的定语从句的句首译法。注意：这个结构这么处理相对更好，而不是一定要这么翻译，笔者只是告诉大家有定语从句的句首译法。不要形而上学！

第二步：翻译

以前几代人用旧式的体力劳动作为手段来摆脱贫困，科技进步[1]摧毁了旧式的体力劳动，穷人是最先体会到科技进步之苦的[2]。

1. 这个 which 的翻译至关重要，因为它是关系词，我们在讲解定语从句翻译的时候总是强调关系词的翻译。但是，在上一个版本的译文中，这个词被翻译成了"诅咒"，也就是句子中的 curse。实际上，根据句子的逻辑关系，我们不难判断定语从句修饰的是 technological progress，而不是 curse，这种用法在定语从句中也称为<u>定语从句远离先行词</u>。

2. as a curse 在句中的意思很含糊，不能直译为"作为诅咒"，而是应该意译为"之苦"。

直译（metaphrase）与意译（paraphrase）。

直译是指基本保留原文的语言形式，保留原文的异国情调，把一种语言的形式和内容变为另外一种语言的形式和内容的过程。

意译是指不必拘泥于原文的形式，将一种语言所表达的意义用另一种语言进行释义性的解释。

直译和意译在形式上存在不同，但是两者并不矛盾，因为两者都是为了把原文的思想内容和风格忠实地表达出来，两者相辅相成，殊途同归。但是，对于我们刚开始学习笔译的同学来说，特别是对于参加翻译考试的同学来说，直译未尝不是一件令人喜悦的事情。为什么这么说呢？因为在考试时，为了在短时间内得分，不论是文学翻译还是非文学翻译，在有限的时间内要想用更好的语言来表达有一定的困难，所以直译才是我们首要学习的方法。

第三步：重读

正：以前几代人用旧式的体力劳动作为手段来摆脱贫困，而科技进步又摧毁了这种体力劳动，所以穷人最先体会到科技进步之苦。（此版本来源于GRE真题的官方参考译文。）

重读的过程中，我们增加了"而"和"所以"这两个词，因为这样才能让整个句子看起来有很强的逻辑关系。所以，在重读这个环节中，增词很有必要，增出能让读者明确句子意思的单词则更加有意义。也就是说，译者要努力将句子之间的逻辑关系用明确的词语表达出来。

二、总结今天的内容

好了，到这里今天所有的内容都讲解完毕了，我们现在一起复习和总结一下。今天主要讲到了中英文定语的位置差异、英译汉的主要步骤、英文中介词翻译成中文的方法、中英文句式的差异、定语从句的译法和循环套用定语从句的翻译方法等。

根据以上例子的特点可以总结出中英文的第一大差异：中文善于用短句且重视使用标点符号；英文善于用长句，不注重标点符号的使用。

── 练 习 ──

请回答下列问题

1. 中英文定语的位置有什么差别？
2. 英译汉的主要步骤是什么？
3. 英文中的介词翻译成中文时是什么词性？

4. 中英文句式有什么差异?

5. 英文中定语从句有几种译法?分别是什么?

6. 英文中循环套用定语从句是什么?怎么进行翻译?

7. 英文中需要断句的长句和不需要断句的长句分别怎样进行翻译?

8. 直译和意译分别是什么?它们分别有什么特点?

第二天

突破英文中定语从句的翻译（二）

一、继续讲讲定语从句的翻译

在昨天讲解定语从句的过程中，主要讲到了定语从句的三种译法，也给同学们举出了相应的例子，今天将继续用更加经典的例句来实践定语从句的翻译方法。

例句 1

This assumption rests on the fallacy of the inherent laziness in human nature; actually, aside from abnormally lazy people, there would be very few who would not want to earn more than the minimum, and who would prefer to do nothing rather than work.（本句选自 GRE 真题。）

误：这种假设基于人性中内在懒惰的谬论，实际上，除了不正常懒惰的人以外，很少有人不愿意挣只比最低生活费多的钱，也很少有人愿意无所事事，而不去工作。

分析

我们来看上面版本的译文：对于第一句话，读者很难明白它是什么意思；第二句话当中的"不正常懒惰的人"，这种说法不存在；"很少有人……很少有人……"翻译的没有问题，但是从逻辑上来说没有根据，前后矛盾。

第一步：断句

This assumption rests on the fallacy/of the inherent laziness in human nature; actually,/aside from abnormally lazy people,/there would be very few/who would not want to earn more than the minimum,/and who would prefer to do nothing/rather than work.

断句之后的分析：这个句子首先在 of 前面断句是因为原始译文中前后句子不通顺，我们在第一天的讲解中曾经提到了，如果句子翻译成中文后不通顺，可以采用重新断句的方法；后面两个 who 所引导的定语从句都是修饰 very few 这个词组的，这个结构和第一天讲到的"循环套用"有所区别，它是多个并列的定语从句修饰一个中心词，形成了"并列套用"的定语从句，结构如下：

中心词 + 定语从句1 + 定语从句2 + 定语从句3 + …… + and + 定语从句N

这个结构和"循环套用"结构有一定的区别，区别在于最后一个定语从句和前一个定语从句是用连词连接的。也就是说，中心词后的所有定语从句都是用来修饰中心词的，它们之间的关系也是并列的，没有相互修饰的关系。那么，对这样的定语从句我们该如何翻译呢？其实很简单，只要用后置译法（因为中心词后的句子超过了八个单词），而且关系词只要翻译一次就可以了。

e.g. Europeans today, like Americans 200 years ago, seek a world where strength does not matter so much, where unilateral action by nations is forbidden and where all nations regardless of their strength are protected by commonly agreed rules of behavior.（本句选自王大伟、韩忠华主编的《英语笔译实务·三级》中《欧美分歧》一文。）

译文：当今的欧洲人，就和两百年前的美国人一样，寻找这样一个世界，在那里，武力并不是最重要的，禁止由国家发起的单边行动，所有国家不论其实力，都受到普遍公认的行为准则的保护。（此版本来源于王大伟、韩忠华主编的《英语笔译实务·三级》参考译文。）

分析：这句话中含有由 where 引导的三个并列的定语从句，它们共同修饰的单词是 a world，所以形成了"并列套用"定语从句。在翻译的过程中，我们采取了后置译法，而且关系词 where 只翻译一次，翻译为"在那里"。

至此，定语从句中最难掌握的两种情况——"循环套用"和"并列套用"就介绍完了，希望同学们在课后复习中注意这两种情况。

第二步：翻译

假设是基于这样¹一种谬论：人性中存在²着天生的懒惰。实际上，除了不正常懒惰的人以外，没有多少人³愿意挣只比最低生活费多的钱，也很少有人愿意无所事事，而不⁴去工作。

1. 这里的断句十分有必要，因为可以将难以捉摸的句子变得清晰，而且我们用"这样"来代替后面的部分，这种译法我们在前面的例句中也曾经使用过。

"这""这样""这些"等这类词在中文语法现象中称为"本位词"，而被这些词所代替的部分称为"外位语"。中文里很少出现很长的句子，我们经常用这类词来代替上文或是下文中的一些词语和句子等。同样，这类词在汉译英中也特别重要。

例如 1981年何振梁当选为国际奥委会委员，1985年当选为国际奥委会执行委员会委员，1989年最终当选为国际奥委会副主席。这表明了中国和国际奥委会的合作进入了一个新的阶段。（本句选自王大伟、韩忠华主编的《英语笔译实务·三级》中《中国与奥林匹克运动》一文。）

Mr. He Zhenliang was elected a member of the International Olympic Committee in 1981, a member of the Executive Committee of the International Olympic Committee in 1985 and vice chairman of the International Olympic Committee in 1989, which showed that the cooperation between China and the International Olympic Committee had entered a new stage. （此版本来源于王大伟、韩忠华主编的《英语笔译实务·三级》参考译文。）

中文的"这表明了……"我们通常会翻译为 All showed that...，这样两个句子之间的关系就会显得比较松散。实际上，中文的"这"就是"本位词"，例句中关于何振梁的介绍就是"外位语"。在翻译成英文后，这个"这"字就变成了which showed that，成为非限定性定语从句。所以"本位词"和"外位语"的译法也就出来了，通常来说，我们一般用定语或是定语从句来翻译"本位词"。

再回到例句，"这样一种谬论"就是用of所连接的内容，也是定语，所以用"<u>本位词</u>"来翻译。

2．"存在"属于增词，因为本句中有laziness这个抽象名词。关于增词和减词的问题，我们在后面也会详细说明。

3．"没有多少人"这几个字的翻译比较困难，因为很多同学认为这句话当中既有very few，后面的定语从句中又有not，所以应该形成双重否定表示肯定的结构，实际上并不是这样。

e.g. There are not very few people.
有不少人。

这句话可以理解为双重否定的句子，因为句中not和very few同时和people这个单词发生联系，从而形成并列关系，这样就可以认为是两个否定的并列。

e.g. There are very few people who would not like to do it.
很少有人不愿意做这件事情。

这句话虽然翻译成了"很少有人不愿意"，但也不要理解为"很多人愿意"。这是个语言学的困境，翻译时按字面翻译即可，不要深究。

4．rather than这个短语一般来说都翻译为"而不是"。

第三步：重读

正：假设是基于这样一种谬论：人性中存在着天生的懒惰。实际上，除了特别[1]懒惰的人以外，很少有人不愿意挣只比最低生活费多的钱，也很少有人愿意无所事事，而不去工作。（此版本来源于GRE真题的官方参考译文。）

1．在最后重读的过程中，只有abnormally这个单词的含义需要推敲。在《朗文高阶英汉双解词典》中，这个单词的第一个含义是"不正常地"，第二个含义是"病态地"，最后一个含义是"特别，尤其"。在翻译中，我们要根据上下文的情况来酌情采用不同的含义，在这里"特别，尤其"更为贴切。

第二天　突破英文中定语从句的翻译（二）

本书当中很少讲到单词的翻译，因为要有了一定的翻译基础之后，我们才能琢磨词汇的用法，这属于更加高级的层次。但是一般来说，在各种翻译考试中，单词的意思往往不是原本的核心含义，而是其延伸含义，甚至是意译，所以这就要求我们在背单词的过程中多看单词的延伸含义，仅仅记住单词的基本含义是不够的。

例句 2　The number of the young people in the United States who can't read is incredible about one in four.（本句选自考研英语阅读真题。）

误：美国不能阅读的年轻人的数量是难以置信的大约四分之一。

分析

上面版本的译文在翻译过程中根本没有断句，而且也没有厘清逻辑关系，十分不符合中文的表达法。

第一步：断句

The number of the young people/ in the United States/ who can't read/ is incredible/ about one in four.

断句之后的分析：有的同学在看到短句的时候就特别兴奋，因为这种短句特别符合中文的语言规则。但是，这些短句在翻译出来之后，经常让人觉得不知所云。所以，在遇到短句的时候，我们所用的原则就是：<u>再短的句子也要有逗号</u>，而短句翻译的方法就是"剥洋葱"。这也就是我们遇到的<u>第三种句子类型——短句</u>。

什么是"剥洋葱"呢？这种方法就是：针对短句，先将不重要的成分翻译出来，然后再翻译重要成分，先次后主，符合中文的基本理念。

第二步：翻译

在美国¹，没有阅读能力的²年轻人的数量大约有四分之一，这³简直令人难以置信⁴。

1. 用"剥洋葱"的方法先把"在美国"翻译出来，这是一个状语，属于不主要内容。

2. who can't read 这个定语从句少于八个单词，所以选择前置译法。

3. 这里又用到"本位词"和"外位语"的译法，用"这"来替代前面所说过的内容。

4. 原文中 incredible 和 about one in four 是先后关系，但是翻译成中文之后就变成了"……有四分之一，这简直令人难以置信"。为什么在这里要改变语序呢？这里又涉及一种重要的翻译方法。

中英文翻译事实和评论的关系：在中文里，我们一般先说事实，再评论；英文里则是先评论，再说事实。

例如 主席对他的来访表示热烈的欢迎。

分析："对于他的来访"是事实，而"表示热烈的欢迎"则是评论。中文里先说事实，后评论。

译文：The president warmly welcomes his visit.

分析：warmly welcomes 属于评论，his visit 属于事实。英文里先评论，后说事实。

例如 我们要努力学习英语，这是很重要的。

It is very important for us to make efforts to study English.

根据以上的分析可知，例句 2 中的 incredible 是评论，about one in four 是事实，所以翻译成中文之后就变成了以上译文中的顺序。

第三步：重读

正：在美国，大约有四分之一的年轻人没有阅读能力，这简直令人难以置信。

（此版本来源于考研英语阅读真题的官方参考译文。）

重读之后，句子的语序又发生了改变，我们将定语从句放在了句首翻译，这样是为了让句子更加通顺，更加符合中文的特点。

例句 3　Television, it is often said, keeps one informed about current events, allowing one to follow the latest developments in science and politics, and offers an endless series of programs which are both instructive and entertaining.（本句选自考研英语阅读真题。）

误：电视，据说，保持了一个人被通知到当前的大事，允许一个人跟随着科学和政治的最新发展，并且还提供了既有教育意义又有娱乐性的无穷无尽的节目。

分析

上面版本的译文中有很多错误，因为从中根本看不懂句子的意思，而且也没有说清楚说者要表达的内容。

第一步：断句

Television, /it is often said[1], /keeps one informed about current events, /allowing one to follow the latest developments/ in science and politics, /and offers an endless series of programs/ which are both instructive and entertaining[2].

断句之后的分析：从句子的结构来看，本句并不复杂，而且也没有生词，但是有需要注意的地方。

1. it is often said 不能翻译成为"据说……"，这样的中文词汇属于口语词汇，不属于书面语体，所以根据中文的习惯应该翻译成为"人们说……"或是"人们认为……"。英文中有很多类似这样的短语，在翻译时应特别注意：

It is often said that...	人们常说……
It is believed that...	人们认为……
It is guessed that...	人们猜测……
It is thought that...	人们认为……
It is supposed that...	人们推测……
It is reported that...	据报道……

2. 这个定语从句比较短，且少于八个单词，所以翻译时应当前置。

第二步：翻译

人们常说[1]，通过电视可以了解当前的时事[2]，可以掌握科学和政治的最新发展，电视还提供了层出不穷的[3]既有教育意义又有娱乐性的节目。

1. 这个成分在英文中是插入语，用插入语表达观点时应当将其提到句首翻译。

2. 这个句子和刚才错误的翻译版本有很大的区别。在这里笔者要向同学们介绍五个规律当中的第一个——谓语动词的过渡。

谓语动词的过渡：

 我支持你。

　　　　I support you.

分析：实际上这个翻译没有任何错误，在口译中可以得到满分。但是在笔译中，我们常常认为还可以有更好的翻译：

I give you my support.

这个翻译的版本就是把中文里原有的动词翻译成了名词，又找了一个动词性质相对较弱的动词 give 作为本句的谓语。这样一来，原有的"支持"就变成了名词，这样的翻译方法我们就称之为"谓语动词的过渡"。

这时大家可能会拿平卡姆的《中式英语之鉴》或李长栓老师的《非文学翻译理论与实践》来说事，为什么呢？因为这两本书都提到了"弱势动词的不必要性"，而且指出了很多《政府工作报告》或者政府白皮书中翻译得不地道的问题，等等。

笔者基于这个问题提出以下三点：

第一，以上两位都是大学者，其观点都是学者观点，我举手双手赞成，但是这种流派到底在什么场合使用，需要搞清楚，我也提倡 concise English，但是究竟笔译用得多还是口译用得多？这点也必须要明确。

第二，《政府工作报告》和政府白皮书都是各类考试的重点内容，我们作为初学者，多见识不同领域的翻译也是很有必要的。

> 第三，我再明确地说一句：谓语动词的过渡多用于英译汉，汉译英时不主张使用，以上的例子只是告诉大家有这样一种情况。

那么，回到原来的问题上，谓语动词过渡的翻译在英译汉中也会出现很多，比如例句中的 keeps one informed about current events，这个 keeps 就是过渡词，它本身就是一个动词性很弱的单词，基本没有什么重要意义，它是为了 informed 而存在。所以在翻译中，我们直接将 keeps 省略，而翻译 informed，后面一句中 allowing one to follow 仍然用同样的方法处理。

从本质上来说，英文之所以存在过渡的现象，是因为英文是静态性语言；而中文是动态性语言。中文善于用动词；而英文善于用名词。这也就是中英文的第二大差异。

在汉译英过程中，同样存在过渡的问题。

例如 在经济上，我们要加快建立社会主义市场经济体制。（本句选自江泽民同志1997年在哈佛大学发表的《增进相互了解，加强友好合作》演讲。）

Economically, we will speed up the establishment of socialist market economy.（本句选自于以上讲话的官方译文。）

在汉译英过程中，我们并没有把"建立"直接翻译为 establish，也没有把"加快"翻译成为 rapidly，而是把"加快"翻译成动词 speed up，把"建立"翻译成 the establishment of。基本上在中文里只要出现了"副词+动词"的结构，我们一般都会把副词译成动词，把动词译成名词，这也是大家要掌握的唯一一种汉译英过程中谓语动词的过渡！其他情况建议不要过渡，特别容易出错！

这也是笔者总结的笔译中的五个规律之规律一——谓语动词的过渡。

3. an endless series of 可以翻译成为"层出不穷的"。实际上，在刚开始学习笔译时，我们坚决不主张用成语，因为在使用成语时，往往会出现不明白成语含义而乱用的现象。

第三步:重读

正:人们常说,通过电视可以了解当前的时事,可以掌握科学和政治的最新发展,电视还播出了[1]层出不穷的既有教育意义又有娱乐性的节目。(此版本来源于考研英语阅读真题的官方参考译文。)

1. 重读之后才发现刚才所翻译的"提供"是 offer 的原意,不能和主语"电视"搭配,所以在重读这一步中用"播出"来代替"提供"。

> **例句 4**　With the conclusion of a burst activity, the lactic acid level is high in the body fluids, leaving the large animal vulnerable to attack until the acid is reconverted, via oxidative metabolism, by the liver into glucose, which is then sent (in part) back to the muscles for glycogen resynthesis.(本句选自 GRE 真题。)

误:随着爆发运动的结束,体液中的乳酸高了,让大型动物易于攻击,直到乳酸重新转化,经过有氧的新陈代谢,由肝脏变成葡萄糖,它接下来又部分地返回到肌肉当中形成糖原。

分析

例句 4 是 GRE 阅读中关于生物学的句子,生词比较多是本句的特点。但是,上面版本的译文并没有说清楚关于乳酸的问题,而且部分专有名词翻译不恰当。

第一步:断句

With the conclusion of a burst activity, /the lactic acid level is high in the body fluids, /leaving the large animal vulnerable to attack/ until the acid is reconverted, /via oxidative metabolism, /by the liver into glucose, /which is then sent (in part) back to the muscles for glycogen resynthesis.

断句之后的分析:从整句来看,没有很难的句式结构,只是比原有的逗号多断开了一处。这个句子属于第三种类型,即有大量逗号的长句,句中有很多生词。那么,我们该怎么去翻译它呢?实际上这是较简单的句子,只要按照顺序把专业名词翻译贴切就可以了。

英文中四种类型的句子总结如表2-1所示。

表2-1 英文中四种类型的句子

类型	翻译步骤
第一种：长句，无逗号或有较少逗号	先断句，再翻译，最后重读
第二种：长句，有较多逗号，无须断句	先判断句与句之间的逻辑关系，再决定先翻译哪个，后翻译哪个，最后重读
第三种：长句，有大量逗号，有大量生词	直接按照原有顺序翻译，查明每个生词的含义，最后重读，使译文更加通顺
第四种：短句，无逗号	再短的句子也要有逗号，采用"剥洋葱"的翻译方法

由此分析可知，例句4属第三种类型，不需要断句，直接翻译即可。

第二步：翻译

随着剧烈[1]运动的结束，体液中的乳酸升高，让大型动物处于容易受到攻击的状态[2]，直到乳酸经过有氧的新陈代谢，由肝脏重新转化为葡萄糖，它接下来又部分地返回到肌肉当中形成糖原。（此版本来源于GRE真题的官方参考译文。）

1. 根据专业的生物学知识可以知道，burst这个单词在这里表示"剧烈"，而不是"爆发"。

2. 把vulnerable翻译成"容易受到……"，这样可以让句子更加通顺。

第三步：重读

正：随着剧烈运动的结束，体液中的乳酸升高，让大型动物处于容易受到攻击的状态，直到乳酸经过有氧的新陈代谢，由肝脏重新转化为葡萄糖，而葡萄糖[1]接下来又部分地返回到肌肉当中形成糖原。（此版本来源于GRE真题的官方参考译文。）

1. 翻译which引导的定语从句时使用的是后置译法，所以要指明which是什么，根据原文中的逻辑关系可知，which指的是"葡萄糖"。

这种句子的特点十分鲜明，就是专业词汇很多，所以在翻译的时候一定要用相关专业的字典来查询其确切含义。在刚开始做笔译的时候，我们并不主张翻译专业文章，而是要多练习翻译政治、经济、社会、文化、教育等方面的文章。

例句 5

Although Gutman admits that forced separation by sale was frequent, he shows that the slaves' preference, revealed most clearly on plantations where sale was infrequent, was very much for stable monogamy.（本句选自 GRE 真题。）

误：尽管古特曼承认，由于买卖的被迫分离甚为频繁，他表示奴隶们的偏好，在买卖并不是很频繁的种植园当中最为显露地被揭示出来，非常喜好稳定的一夫一妻制。

分析

上面版本的译文中先出现关联词，而我们反复强调要先出主语；中间的句子断句不清，最后一个很唐突。

第一步：断句

Although Gutman admits that¹/forced separation by sale was frequent, /he shows that the slaves' preference, /revealed most clearly on plantations/where sale was infrequent, /was very much for stable monogamy.

断句之后的分析：本句由一个让步状语从句和主句构成，主句中存在宾语从句，宾语从句中存在插入语和定语从句，生词不是很多。

1. 这样的句式结构在英文中很常见，在翻译中要注意先出主语的原则，其次注意中文关联词要双双出现，而英文则是出现一个连词。所以在翻译的过程中，英译汉就要增加连词，而汉译英则要注意减少连词。在本句之后的翻译中，要使用"但是、然而、却"等字样。

第二步：翻译

古特曼尽管认为¹，由于买卖而造成的²被迫分离甚为频繁，但是他仍然认为奴隶们的偏好——在买卖并不是很频繁的种植园当中最为显露地揭示出来³——在很大程度上侧重于⁴稳定的一夫一妻制。

1. 先出主语"古特曼"，然后是连词"尽管"，最后是动词的翻译。这个动词的译法已经讲过多次，应该是"认为"。

2. 在这里由于出现了抽象名词 separation，所以增一个动词，翻译为"造成的被迫分离"，而不是直接翻译成"被迫分离"。关于增词的问题，我们会在第七天和第八天专门进行讲解。

3. 对于这个插入语，首先要关注的是其位置问题。我们在前面讲过，当插入语表示说者观点时，需要提到句首翻译。但是<u>一个词组或句子做插入语，不表示观点时</u>，在笔译中我们常常将其<u>保留在原来的位置，用破折号连接</u>。在这个插入语当中，有一个以 where 引导的定语从句，这是表示地点的定语从句，少于八个单词，所以翻译时要前置。而且，以 revealed 引导的这个过去分词短语表示被动语态，在翻译的时候，注意用其他单词来代替"被"字。

4. 将 very much 翻译为"在很大程度上"，for 翻译为"侧重于"，比较符合句子的逻辑，不会产生歧义。

第三步：重读

正：古特曼尽管认为，由于买卖而造成的被迫分离甚为频繁，但是他仍然认为奴隶们的偏好——在买卖并不是很频繁的种植园当中最为显露地揭示出来——很大程度上侧重于稳定的一夫一妻制。（此版本来源于 GRE 真题的官方参考译文。）

这个句子最大的特点就是插入语的使用，而且在插入语中存在定语从句。关联词的问题要引起所有同学的重视，我们从小学就开始学习中文关联词的使用，在翻译的时候更要注意中英文的差异，这样才能让译文更加符合中文表达法，更加流畅。

> **例句 6**
>
> This preference for exogamy, Gutman suggests, may have derived from West African rules governing marriage, which, though they differed from one tribal group to another, all involved some kind of prohibition against unions with close kin.（本句选自 GRE 真题。）

误：这种对于外族通婚的偏好，古特曼建议，可能起源于西部非洲制约着婚姻的风俗，尽管他们在一个部落和另一个部落之间不尽相同，这一切都涉及一些对于近亲结婚的反对。

分 析

上面版本的译文更像是电脑翻译软件直接翻译的结果，让人读后不能明确其意思，而且译文基本都是所有单词字面意思的拼凑，让人读起来有一种难以下咽的感觉。在考试中，这种译文恐怕很难得到高分。

第一步：断句

This preference for exogamy，/Gutman suggests，/may have derived from West African rules/governing marriage，/which，/though they differed from one tribal group to another，/all involved some kind of prohibition against unions with close kin.

断句之后的分析：这个句子只有一个主句，主句之中出现了一个插入语，主句之后有一个非限定性定语从句，定语从句中有让步状语。

第二步：翻译

古特曼认为[1]，这种对于外族通婚的偏好可能起源于西非[2]制约着婚姻的风俗，他们尽管在一个部落和另一个部落之间不尽相同，但是，这一切都涉及某些[3]对于近亲结婚[4]的反对。

1. 先出主语是中文的习惯，动词翻译为"认为"是出现过很多次的译法。而且 Gutman suggests 出现在句子中间成为插入语，并且表示说者的观点，所以应当将其提到句首翻译。

2. West African 的名词形式为 West Africa，West Africa 到底是翻译成"西部的非洲"还是"西非"？恐怕这是困扰很多同学的问题。那么，请看以下三个例子：

West Beijing

Western Beijing

the west of Beijing

这三个词组有明显的区别，但是很容易混淆。第一个是指人为划分的行政区域，翻译为"西北京"，虽然有些拗口，但这就是标准译文，类似于这样的短语还有 South Africa（南非），North America（北美）；第二个是指自然地理意义上的范围，所以翻译为"北京的西部"；而第三个是指"北京的西边"，可能不在北京的范围之内。所以，West Africa 应翻译为"西非"。

3. some kind of 在这里翻译为"某些"，而不是"一些"，因为科学家在表述观点时经常不是那么确定，所以用"某些"更加符合要求。

4. unions with close kin 翻译为"近亲结婚"能让句子更加生动、流畅。

第三步：重读

正：古特曼[1]认为，这种对于外族通婚的偏好可能起源于西非制约着婚姻的风俗，这些风俗[2]尽管在一个部落和另一个部落之间不尽相同，但是，这一切都涉及某些对于近亲结婚的反对。（此版本来源于 GRE 真题的官方参考译文。）

1. Gutman 翻译为"古特曼"，这时出现了这样一个问题：是不是所有的英文名字都有固定译法呢？还是随便什么字都可以？请看以下几个例子：

White   Watt   Walt   Wright

这是英语中最常见的四个英语姓名，根据音译法，分别应该是怀特、瓦特、沃尔特和莱特。这几个汉字是固定写法吗？还是只要意思对了就可以呢？其实，一般来说，英文的人名和地名都要求有固定的中文译法，不能用其他汉字代替。有同学问：怎样才能知道英文人名和地名的准确译法呢？我们在这里介绍两本有关英文人名和地名翻译的手册——《英语姓名译名手册》和《外国地名译名手册》。

《英语姓名译名手册》和《外国地名译名手册》由商务印书馆出版，历经多次修订再版，建议学习笔译的同学人手一本（要用最新版本），这样在翻译人名和地名的时候就有章可循、有据可依了。

2. 这个以 which 引导的定语从句是非限定的，而且在 which 的后面也出现了一个逗号，这个逗号又是表示出现插入语的，这样的用法在英语中很常见。所以，在翻译的过程中，我们一定要翻译出 which 指代的是什么。根据例句前后内容的关系可知，which 指的是前面的 rules，所以翻译为"这些风俗"。

二、总结今天的内容

在今天这一讲中，我们仍然学习定语从句的翻译方法，并且也在慢慢熟悉英译汉的过程，对英文和中文有了新的认识。我们今天主要讲到了定语从句的"并列套用"、中文里"本位词"和"外位语"如何翻译成英文、英文短句的翻译方法、中英文事实和评论的关系、英文中四种类型句子的翻译方法、中英文关联词的使用、英文中人名和地名的翻译，希望同学们对以上问题能做到心中有数，并且能够运用到实践当中，这样才能把笔译学得更加扎实可靠。

我们通过今天的讲解还总结出一个重要规律——谓语动词的过渡，由此也可以知道中英文的另一个重要差异：中文是动态性语言，善于用动词；而英文是静态性语言，善于用名词。

练 习

一、请回答下列问题

1. 什么是定语从句的"并列套用"和"循环套用"？它们有什么区别？分别怎么翻译？
2. 什么是中文里的"本位词"和"外位语"？它们应该怎么翻译成英文？
3. 英文中四种句子类型是什么？分别怎么翻译？
4. 中英文事实和评论的关系是什么？分别怎么翻译？
5. 中英文关联词的使用原则是什么？
6. 英文中的人名和地名如何翻译？
7. 什么是"谓语动词的过渡"？请举例说明。

二、英译汉段落翻译

President Bush is making a noble effort to pull together the fraying alliance, but the fact is that Europeans and Americans no longer share a common view of the world. On the all-important question of power—the utility of power, the morality of power—they have parted ways. Europeans believe that they are moving beyond power into a self-contained world of laws and rules and transnational negotiation and cooperation. Europe itself has entered a post-historical paradise, the realization of Immanuel Kant's "Perpetual Peace". The United States, meanwhile, remains mired in history, exercising power in the anarchic Hobbesian World where the international rules are unreliable and where security and the promotion of a liberal order still depend on the possession and use of military might. This is why on major strategic and international questions today, Americans are from Mars and Europeans are from Venus: They agreed on little and understood one another less and less.

Why the divergent perspectives? They are not deeply rooted in national characters. Two centuries ago, American statesmen appealed to international law and disdained "power politics", while European statesmen spoke of raison d'est. Europeans marched off to World War I believing in power and martial glory, while Americans talked of arbitration treaties. Now the roles have reversed.

Part of the reason is the enormous shift in the balance of power. The gap between the United States and Europe opened wide as a result of World War II and has grown wider in the past decade. America's unparalleled military strength has predictably given it a great propensity to use force and a more confident in the moral legitimacy of power. Europe's relative weakness has produced an aversion to force as a tool of international relations.

Europeans today, like Americans 200 years ago, seek a world where strength does not matter so much, where unilateral action by nations is forbidden, where all nations regardless of their strength are protected by commonly agreed rules. For many Europeans, progress toward such a world is more important than eliminating the threat posed by Saddam Hussein. For Americans, the Hobbesian world is not so frightening. Unilateralism is naturally more attractive to those with the capacity to act unilaterally. And international law constrains strong nations more than it does the weak. Because of the disparity of power, Americans and Europeans even view threats differently. A person armed only with a knife may decide that a bear prowling the forest is a tolerable danger—trying to kill the bear is riskier than laying low and hoping the bear never attacks. But a person with rifle will be likely to make a different calculation: Why should he risk being mauled to death if he does not need to? American could imagine successfully invading Iraq and toppling Saddam and therefore 70 percent of Americans favored that action. Europeans, not surprisingly, found it unimaginable and frightening.

But it is not just the power gap that divided Americans and Europeans today. Europe's relatively pacific strategic culture is also the product of its war—like past. The European Union is a monument to Europe's rejection of the old power politics. Who knows the dangers of Machtpolitik better than a French and German citizen? As the British diplomat Robert Copper recently noted, Europe today lives in a "postmodern system" that does not rest on a balance of power but on "the rejection of force" and on "self-enforced rules of behavior". American realists may scoff, but within the confines of Europe the brutal laws of power politics really have been replaced. Since the World War II European society has shaped not by the traditional exercise of power but by the unfolding of a geopolitical miracle: the German lion has lain down with the French lamb. The new Europe has succeeded not by balancing power but by transcending power. And now the Europeans have become evangelists for their "postmodern" gospel of international relation. The application of the European miracle to the rest world has become Europe's new mission. This has put Europeans and Americans on a collision course. Americans have not lived the European miracle.

第三天

突破英文中非谓语动词的翻译

一、简单说说非谓语动词和翻译的关系

非谓语动词是英语中极其重要的语法现象，当然，在中英文的翻译中也占十分重要的地位。非谓语动词具有所有谓语所不具备的功能。此外，某些非谓语动词，特别是现在分词和过去分词，不仅具有<u>形容词</u>和<u>副词</u>的特性，而且还具有<u>动词</u>的一部分性质。在中英文翻译的过程中，我们要特别注意中文里动词的转换和英文里非谓语动词的转换。

> **e.g.** To see is to believe.
> 眼见为实。

分析：句中的 to see 和 to believe 是非谓语动词中的不定式，翻译成中文之后还具有<u>动词</u>的性质，分别翻译为"眼见"和"相信"。

> **例如** 他坐在那里读书。
> He sat there reading a book.

分析：中文里有两个动词，分别是"坐"和"读"，翻译为英文之后就变成了 sat 和 reading，一个是<u>谓语</u>，另一个则是<u>非谓语</u>。

根据以上分析可以得出一个简单的结论：英文中虽然有<u>谓语</u>和<u>非谓语</u>之分，但是翻译成中文之后都变成了<u>动词</u>。

二、非谓语动词的翻译

前面我们谈到了谓语和非谓语的问题,中文里对谓语和非谓语不作区分,但是在英文中就区分得很细致。那么,我们在遇到非谓语动词时,应当怎样翻译呢?让我们先来看看这样一个例子。

例句 1

Even when we turn off the bedside lamp and are fast asleep, electricity is working for us, driving our refrigerators, heating our water, or keeping our rooms air-conditioned.(本句选自考研英语翻译真题。)

误:甚至当我们关掉了边上的灯,很快睡着的时候,电还在为我们工作,驱使着我们的冰箱,加热着我们的水,或者保持我们的房间被空调着。

分析

例句1总体上来说比较简单,但是上面版本的译文和英文过于一致,根本就没有遵循中文的语法规则,错误百出。"加热着我们的水"这种语句在中文里根本就不存在。

第一步:断句

Even when we turn off the bedside lamp/ and are fast asleep, /electricity is working for us, /driving our refrigerators, /heating our water, /or keeping our rooms air-conditioned.

断句之后的分析:这句话句式结构不复杂。但是句中有几个单词在翻译时需要注意,首先,bedside lamp 这个词组的意思是"床头灯";其次,drive 不是"驱使",在这里可以翻译为"帮"或者"让"。

第二步:翻译

我们即使关掉了床头灯深深地进入梦乡¹时,电仍在为我们工作²:帮³我们开动电冰箱,把水加热,或让室内空调机继续运转⁴。

1. fast asleep 应该理解为"熟睡",而不是"很快睡着"。
2. 这个冒号很有必要,因为下面几项工作都是电在做,所以冒号在这里用于解释。
3. drive 这个单词在这里意译为"帮"或者"让"。

4. air-conditioned 这个单词因为前面的 keep 而变成一个动词，这样的用法比较常见，属于名词的动词化。所以在翻译的过程中，我们要把"空调"这个词翻译出来，然后再增加一个词"运转"。

第三步：重读

正：我们即使关掉了床头灯熟睡之时，电仍在为我们工作：让冰箱运行，把水加热，或让室内空调机继续运转。（此版本来源于考研英语翻译真题的官方参考译文。）

在这句话翻译完整之后，我们需要注意 working, driving, heating, keeping 这几个动名词，或者可以认为是现在分词，它们都翻译为动词。可以这么说，所有非谓语动词的翻译都是和动词相关的。

三、分词的翻译

我们在这里重点讲讲分词（现在分词和过去分词）的翻译，因为在英语中，分词的使用频率最高，也是最常见的语法现象。根据以上分析不难发现，分词属于非谓语动词的一种，所以翻译出来也一定和动词相关。

首先来讲解分词的翻译方法：分词位于句首时，相当于一个状语，我们在翻译的时候应先找到它的主语，然后进行翻译；分词还有可能位于名词之后，我们在翻译的时候应把它当作一个定语从句来看待，按照八个单词的标准来进行"短前长后"式的翻译，另外，分词位于名词之后，也有可能是伴随状语，一定要注意和定语进行区分。

让我们先来看看几个简单的句子吧。

> **例句 2**　Taking the train, the two friends arrived in Berlin in late October 1922, and went directly to the address of Chow En-Lai.（本句选自庄绎传编著的《英汉翻译教程》[①]。）

[①] 庄绎传编著的《英汉翻译教程》和《英汉翻译简明教程》是两本不同的书，两者在文章选择上有些篇目相同，但是不完全相同——编者注。

误：坐着火车，两个朋友在1922年10月底来到柏林，并且直接去往周恩来的地址。

分析

这句话以一个现在分词开头，这个现在分词的作用是作为伴随状语。根据刚才讲的方法，我们应当先找主语，而不是先翻译分词。另外，句中 address 这个单词的翻译也有问题，不能直译为"地址"。

第一步：断句

Taking the train, / the two friends arrived in Berlin in late October 1922, / and went directly to the address of Chow En-Lai.

句首是现在分词，需要先找出主语。后面是并列结构。

第二步：翻译

两个朋友[1]坐火车于1922年10月底到柏林[2]，并立即去周恩来[3]的住处[4]。

1. 分词位于句首时，先找主语。这句话的主语是 the two friends，所以先翻译主语"两个朋友"。

2. 英文中时间状语和地点状语同时存在时，一般先翻译时间状语，再翻译地点状语。所以 in Berlin in late October 1922 就翻译为"1922年10月底到柏林"。

3. Chow En-Lai 的译法比较复杂，因为这个拼音的写法和我们通常所知道的汉语拼音的写法不太一样。这种拼音的写法称为"威氏拼音法"。

汉字注音系统里曾有一种系统叫威玛氏音标源。它始于1867年，是由英国人威妥玛与他人合编的注音规则，现在叫"威氏拼音"。威妥玛（Thomas Wade，按照今天的规则应该翻译成托马斯·韦德）于19世纪末任英国驻华公使。威氏拼音在1958年中国推广汉语拼音方案前被广泛用于人名、地名注音，影响较大，如长江/扬子江可以拼写为 Yangzi/Yangtze River，毛泽东可以拼写为 Mao Tse-Tung，周恩来可以拼写为 Chow En-Lai。1958年后逐渐废止。

4. address 这个单词有很多含义，如"地址、住址、演讲、解决（动词）"，在这里我们选择"住址"这个意思较适合。

第三步：重读

正：两个朋友坐火车于1922年10月底到柏林，并立即去往周恩来的住处。（此版本来源于庄绎传编著的《英汉翻译教程》参考译文。）

这句话的翻译重点在于要弄明白分词在句子中的作用。<u>分词位于句首时相当于状语，需先找主语，将分词置于主句之前进行翻译。</u>

例句 3　The farmer of 1800, using a hand sickle, could hope to cut a fifth of a hectare of wheat a day.（本句选自庄绎传编著的《英汉翻译教程》。）

误：1800年的一个农民，使用镰刀，可以希望在一天内收割1/5公顷的小麦。

分析

这句话的重点在于弄明白 using a hand sickle 在句中做什么成分，数词1800和 a fifth 该如何翻译。

第一步：断句

The farmer of 1800, /using a hand sickle, /could hope to cut a fifth of a hectare of wheat/ a day.

断句之后的分析：这个句子逻辑关系明确，只有一个现在分词作为插入语，实际上也就是 the farmer 的修饰语。分词位于名词<u>之后</u>，相当于<u>定语从句</u>，而且有<u>逗号隔开</u>，更加类似于<u>非限定性定语从句</u>，所以应当用<u>后置译法</u>。

第二步：翻译

在1800年[1]，一个农民，使用镰刀，在一天内可望收割五分之一[2]公顷小麦。

1. 首先要解决 of 1800 这个短语该如何翻译的问题。<u>一般来说，时间位于句首，无论是汉译英还是英译汉，我们都会将其作为状语处理。</u>

例如　19世纪下半叶的中国历史就这样充满了屈辱。

译文：In the second half of the 19th century, China's history was full of such humiliations.

分析：在汉译英中，"19世纪下半叶的"原本是一个定语，用来修饰"中国历史"。但是我们在翻译时，将它译为 in the second half of the 19th century，转换为时间状语。

所以，例句3中的 of 1800 虽然是 a farmer 的定语，但是我们还是将其翻译为"在1800年"。还有同学翻译为"在19世纪"，笔者认为在不知道上下文的情况下，还是尊重原文的意思，翻译为"在1800年"。

2. a fifth 这个数词的翻译也要注意，因为在错误译文中出现了"1/5"的译法。<u>我们一般主张，在英汉互译时，阿拉伯数字一般不变，英文数字应翻译为中文数字，中文数字应翻译为英文数字。</u>所以，很显然 a fifth 应该翻译为"五分之一"。

第三步：重读

正：一个农民，在1800年[1]，使用镰刀，在一天内可望[2]收割五分之一公顷小麦。（此版本来源于庄绎传编著的《英汉翻译教程》参考译文。）

1. 把"在1800年"调整到主语之后的位置，是因为我们始终遵循<u>"先出主语"</u>的原则。

2. "可望"是"可以希望"的缩写。

纵观整句，在翻译时我们要注意现在分词的位置，还要注意数词的译法，这样就可以做到万无一失了。

例句 4 When Chow En-Lai's door opened they saw a slender man of more than average height with gleaming eyes and a face so striking that it bordered on the beautiful.（本句选自庄绎传编著的《英汉翻译教程》。）

误：当周恩来的房门打开的时候，他们看见了一个苗条的比普通身高高一点的人，还带着闪闪发光的眼睛，一张脸太吸引人了以至于宽阔地到了美。

分析

上面版本的译文让人读后感到莫名其妙，很多词语让人读不懂。译文中句子结构也不清晰。

第三天 突破英文中非谓语动词的翻译

第一步：断句

When Chow En-Lai's door opened/they saw a slender man/of more than average height/with gleaming eyes/and a face so striking/that it bordered on the beautiful.

断句之后的分析：整个句子由一个时间状语从句和一个主句构成，主句当中有 with 连接的现在分词，表示伴随状语。难点在于主句中 a slender man of more than average height 和后面的 with gleaming eyes 该如何翻译。

第二步：翻译

周恩来的房门打开时，他们看到的是一个身形消瘦[1]、比普通人略高一点的人[2]，两眼炯炯有神[3]，面貌很引人注意，称得上清秀[4]。

1. slender 这个单词在形容女性的时候可以翻译为"苗条"，在形容男人的时候翻译为"消瘦"。

2. a slender man of more than average height 这个短语不能连在一起翻译，否则会使句子不通顺，所以在 of 前面断句，让句子更加通顺。我们在前面也强调过，如果一个句子翻译出来不通顺，可以使用<u>重新断句</u>的方法。

3. with gleaming eyes 这个短语比较难翻译，因为不可能将 with 翻译为动词"随着、带着"等。在这里要教给同学们一个很重要的原则，也就是我们在文前提到的翻译中的"<u>一个原则</u>"。

翻译中的"一个原则"是指什么呢？让我们先看以下例句。

e.g. gleaming eyes
炯炯有神的眼睛

分析：这样的翻译没有任何问题，但是在某些情况下这样翻译就会造成句子的不通顺，所以，我们要用一些方法来重新翻译。按照中文的说法，gleaming eyes 是偏正短语（偏正短语指的是修饰语和中心词的关系，例如：美丽的祖国，"美丽的"就是"偏"，"祖国"就是"正"。在这里我们就把这个概念拿到英文中来用），但是我们可以把这个短语翻译为主谓结构，翻译出来就变成了"双眼炯炯有神"。我们在翻译中可以把偏正短语翻译为主谓结构或把主谓结构翻译为偏正短语，这就称为翻译中的"一个原则"。用公式表达如下：

主谓结构————————偏正短语

那么，这个"原则"怎么使用呢？并不是所有的偏正短语都要换成主谓结构，也不是所有的主谓结构都要变成偏正短语，使用这个"原则"是为了让句子更加通顺。

e.g. We have gone a longer distance than the Long March.（本句选自庄绎传编著的《英汉翻译教程》。）

我们所走过的路程比长征（走过的路程）还要长。（此版本来源于庄绎传编著的《英汉翻译教程》参考译文。）

分析：we have gone a longer distance 是一个主谓结构，但是要是直译就会不通顺，所以我们用"主谓换成偏正"的译法来翻译，而且 longer 属于评论性词，<u>中文先说事实后评论</u>，所以翻译出来就变成了"我们所走过<u>的</u>路程"。一定要注意"的"这个字，因为只有它才能表示偏正关系。

e.g. More people are seeing and hearing what we say here than on any other such occasion in the whole history of the world.（本句选自庄绎传编著的《英汉翻译教程》。）

正在看着和听着我们说话的人，比整个世界历史上任何其他这样场合的人还要多。（此版本来源于庄绎传编著的《英汉翻译教程》参考译文。）

分析：more people are seeing and hearing what we say 是一个主谓宾结构，如果要直接翻译，那么 more 还在句首，句子不通顺。more 属于评论性词，所以要放在最后。people are seeing and hearing what we say 这个结构我们仍然用"主谓换成偏正"的译法来翻译，形成了译文中的结构。

综上所述，"一个原则"的译法不是到处都能用的，而是在句子翻译不通顺的情况下，我们才考虑这种译法，这也是让句子更加通顺的一个基本办法。

所以例句中的 gleaming eyes 也就自然而然地翻译为"两眼炯炯有神"。

4. border on the beautiful 是一个固定用法，特别是在指男性的时候应翻译为"清秀"。

第三步：重读

正：周恩来的房门打开时，他们看到的是一个身形消瘦、比普通人略高一点的人，两眼炯炯有神，面貌很引人注意，称得上清秀。（此版本来源于庄绎传编著的《英汉翻译教程》参考译文。）

整个句子在翻译中要注意 with 引导的分词独立主格的用法以及几个单词的延伸含义。

> **例句 5**　Situated at the base of the Mt. Lofty Ranges, Adelaide enjoys a Mediterranean climate.（本句选自庄绎传编著的《英汉翻译教程》。）

误：坐落在洛夫蒂岭山麓，阿德莱德享受着地中海式气候。

这句话是以过去分词开头，所以应当先找主语，然后进行翻译，还要特别注意 enjoy 的翻译和几个地名的翻译。

> **TIPS**
>
> 人名和地名的翻译要查字典，写对每一个汉字。在翻译考试当中，尽量不要有错别字，否则也会扣分。

正：阿德莱德[1]位于罗夫迪岭山麓，属[2]地中海气候。（此版本来源于庄绎传编著的《英汉翻译教程》参考译文。）

因为句子较短，而且句式清晰，所以我们直接翻译，无须更多的步骤。

1. 分词位于句首，先出主语。所以先翻译"阿德莱德"。
2. enjoy 在这里可以翻译为"属"，用的是意译的方法。

四、长难句中分词的翻译

刚才我们看到的句子相对都比较简单，现在我们一起来看看长难句中的分词该如何翻译吧。

例句 6

Studies by Hargrave and Geen estimated natural community grazing rates by measuring feeding rates of individual zooplankton species in the laboratory and then computing community grazing rates for field conditions using the known population density of grazers.（本句选自 GRE 真题。）

误：哈格雷夫和吉恩的研究估算了自然条件下的群落捕食速率，通过测量出实验室内单独的浮游动物种类的捕食速率，然后，计算出实地状况下的群落捕食速率，是利用已知的食草动物种群密度。

分析

我们看到例句 6 的时候不难发现它的特点：句子很长，而且生词很多。例句 6 属于第三种句子类型，翻译时只需<u>按照顺序把生词翻译出来</u>就好，但是这不等于说不需要注意句子成分之间的关系。以上译文的错误就在于过于牵强地翻译，而没有注意到句子成分之间的关系。

第一步：断句

Studies by Hargrave and Geen estimated natural community grazing rates/by measuring feeding rates of individual zooplankton species in the laboratory/and then computing community grazing rates for field conditions/using the known population density of grazers.

断句之后的分析：第一个斜线之前是主句，后面是两个由非谓语动词构成的方式状语，在最后一个状语中，又出现了一个现在分词作为定语来修饰前面的状语，而且定语少于八个单词，翻译时可以前置，而不是后置。

第二步：翻译

由哈格雷夫和吉恩所进行的研究[1]，对自然条件下的群落捕食速率[2]进行了估算，其手段是通过[3]测量出实验室内单独的浮游动物种类的捕食速率，然后利用已知的食草动物种群密度[4]，计算出田野状况下的群落捕食速率。

1. 主语因为过长，所以在翻译时，我们可以考虑将其单独翻译。这个方法在后面的句子翻译中将经常用到。

2. natural community grazing rates 可以翻译为"自然条件下的群落捕食速率"，这是一个生物学常用词组。

3. 在原句中只有 by 这么一个单词，但是，我们却翻译为"其手段是通过……"。按照中文的语序，我们应该先出主语，然后说手段是什么。然而，这样会导致句子中部过长，所以我们把状语放在最后来翻译。如果将 by 直接翻译为"通过"会比较生硬，所以增词"其手段"，这属于中英文的增减词问题，在后面我们会详细地讲解。

4. 这个现在分词相当于定语的作用，所以用前置译法进行翻译。

第三步：重读

正：由哈格雷夫和吉恩所进行的研究，对自然条件下的群落捕食速率进行了估算，其手段是通过测算出实验室内单独的浮游动物种类的捕食速率，然后利用已知的食草动物种群密度，计算出实地状况下的群落捕食速率。（此版本来源于 GRE 真题的官方参考译文。）

这个句子总的特点是生词和分词较多，位置不明确。所以在翻译时，我们只要把握以上几点就可以了。

例句 7 But achieving necessary matches in physical properties across interfaces between living and nonliving matter requires knowledge of which molecules control the bonding of cells to each other—an area that we have not yet explored thoroughly.（本句选自 GRE 真题。）

误：但是，获得必要匹配在生理特质中穿越了生物和非生物的界面需要知识，分子控制着彼此之间的结合——我们还没有彻底探索的领域。

分析

阅读完上面的译文会发现，我们根本没有明白其中的意思，而且也不难发现，这个句子的主谓宾不是十分明确，最后一个定语从句出现的位置也很奇怪。

第一步：断句

But/ achieving necessary matches/ in physical properties/ across interfaces/ between living and nonliving matter/ requires/ knowledge/ of which molecules control the bonding of cells to each other/ —an area/ that we have not yet explored thoroughly.

断句之后的分析：这句话的特点就是主语过长，而且是一个动名词做主语，在动名词中出现了三个介词短语，谓语只有一个词 requires，宾语后面有一个以 of 引导的定语，破折号之后还有一个同位语，同位语中还有定语从句。

第二步：翻译

但是，要想沿着原生和非原生物质之间的界面获取生理特性的必要匹配[1]，这[2]就需要某种知识[3]，即什么样的分子控制着细胞彼此间的结合——[4]我们尚未进行充分的探索的领域。

1. 刚才在分析中提到本句的难点就在于主语，因为主语中的介词短语太多，不好排列顺序，所以就不好组织语言。让我们来分析一下逻辑关系，achieving 是主要的动词，所以先说它，然后说最远的那个状语 between living and nonliving matter。为什么要先说这个状语呢？因为中文里总是先说最不重要的状语，而英文中最不重要的部分往往放在句子的最远端。但是先翻译 between living and nonliving matter 时，我们又要考虑到它和 across interfaces 之间的关系，所以从 across interfaces 开始翻译是最准确的。

2. 我们前面已经说过，<u>因为主语过长</u>，所以要<u>单独翻译</u>。那么，用什么词可以代替一句话呢？本位词"<u>这</u>"就是最好的替代词。

3. 在 knowledge 之后是一个以 of 引导的定语，这个定语<u>多于八个单词</u>，所以我们在这里用<u>后置的译法</u>。

4. 原文中有破折号，所以我们在这里仍然保留这个标点符号。

第三步：重读

正：但是，要想沿着原生和非原生物质之间的界面获取生理特性的必要匹配，这需要某种知识，即什么样的分子控制着细胞彼此间的结合——而对这一领域，我们尚未进行充分的探索[1]。（此版本来源于 GRE 真题的官方参考译文。）

1. 这个定语从句的翻译需要引起我们的重视，因为在破折号的后面有一个同位语 an area，还有一个定语从句，所以我们不妨叫它"<u>同位定语从句</u>"。

同位定语从句指的是同位语中又出现一个定语从句。

e.g. He is a man, a man who is handsome.
他是一个男的,这个男人很帅。

分析:按照中文的修辞来看,这属于"顶真"(一句话的最后一个单词和第二句话的第一个单词相同的修辞手法)。但是从英语的语法来看,就属于同位语关系,后面又有定语从句。在翻译的时候,我们原则上遵循定语从句的后置译法。

在例句 7 中,an area 和前面一句也形成了定语从句的结构,所以我们也应该保持定语从句后置,不论其有多少个单词。

根据以上分析,我们需要重点关注例句 7 中主语的翻译,以及句尾的"<u>同位定语从句</u>"。

五、总结今天的内容

在今天这一讲当中,我们学习了非谓语动词,特别是分词的翻译方法。由于非谓语动词在中文里和动词的用法一样,所以我们把非谓语动词翻译为中文的动词。分词的翻译只要注意位置就可以,在句首,找主语;在名词后,则相当于定语从句。除此以外,我们还了解了"威氏拼音法"、中英文数词的翻译、翻译中的"一个原则"和同位定语从句。

练 习

一、请回答下列问题

1. 英文中分词的翻译方法主要有哪些?
2. 中文里威氏拼音法指的是什么?
3. 中英文数词的翻译应当遵循什么原则?
4. 翻译中的"一个原则"指的是什么?

5. 英文中同位定语从句是指什么？如何翻译同位定语从句？

二、英译汉段落翻译

Last Friday an advisory panel to the European Environment Agency issued an extraordinary scientific opinion: The European Union should suspend its goal of having 10 percent of transportation fuel made from biofuel by 2020.

The European Union's biofuel targets were increased and extended from 5.75 percent by 2010 to 10 percent by 2020 just last year. Still, Europe's well-meaning rush to biofuels, the scientists concluded, had produced a slew of harmful ripple effects—from deforestation in Southeast Asia to higher prices for grain.

In a recommendation released last weekend, the 20-member panel, made of some of Europe's most distinguished climate scientists, called the 10-percent target "overambitious" and an "experiment" whose "unintended effects are difficult to predict and difficult to control".

"The idea was that we felt we needed to slow down, to analyze the issue carefully and then come back at the problem," Laszlo Somlyody, the panel's chairman and a professor at the Budapest University of Technology and Economics, said in a telephone interview. He said that part of the problem was that when it set the target, the European Union was trying desperately to solve the problem of rising transportation emissions "in isolation", without adequately studying the effects of other sectors like land use and food supply.

"The starting point was correct: I'm happy that the European Union took the lead in cutting greenhouse gases and we need to control traffic emissions," Somlyody said. "But the basic problem is it thought of transport alone, without considering all these other effects. And we don't understand those very well yet." The panel's advice is not binding and it is not clear whether the European Commission will follow the recommendation. It has become increasingly clear that the global pursuit of biofuels -encouraged by a rash of targets and subsidies in both Europe and the United States- has not produced the desired effect.

Investigations have shown, for example, rain forests and swamps are being cleared to make way for biofuel plantations, a process that produces more emissions than the biofuels can save. Meanwhile, land needed to produce food for people to eat is planted with more profitable biofuel crops, and water is diverted from the drinking supply. In Europe and the United States, food prices for items like pizza and bread have increased significantly as grain stores shrink and wheat prices rise. The prices of wheat and rice are double those of a year ago, and corn is a third higher, the Food and Agriculture Organization said this week.

"Food price inflation hits the poor hardest, as the share of food in their total expenditures is much higher than that of wealthier populations," said Henri Josserand of the Food and Agriculture Organization. Biofuels are not, of course, the only reason for high food prices. Fuel used to transport food is more expensive, and there have been unexpected droughts this year as well.

Should we conclude that all biofuels are bad? No. But motivated by the obvious problems now emerging, scientists have begun to take a harder look at their benefits.

For example, the European Environment Agency advisory panel suggests that the best use of plant biomass is not for transport fuel but to heat homes and generate electricity.

To be useful for vehicles, plant matter must be distilled to a fuel and often transported long distances. To heat a home, it can often be used raw or with minimal processing, and moved just a short distance away.

突破英文中被动语态的翻译

一、简单说说被动语态和翻译

一般来说，在中文里被动语态使用得较少，因为我们通常认为"被"在中文里是有贬义的。而英文刚好相反，因为英文中无主语的句子较多，所以被动语态使用得比较频繁。另外，在中英文的科技文献中，被动语态的使用比较常见。在英汉互译时，我们要特别注意被动语态的翻译方法。

我们一般认为，英译汉时不常用"被"字。被动语态的翻译方法有以下<u>四种</u>。

第一种：<u>将英文中原有的被动语态变成中文的主动语态。</u>

> **e.g.** The classroom was cleaned by the student.
> 学生打扫了教室。

分析：这种译法固然很简单，但是这句话本身在表达的过程中是想重点强调"教室"被"打扫"了，而翻译成中文之后，原本英文中的宾语变成了中文的主语，强调的特点减少了。所以，一般来说，我们不主张这种译法。然而，在有些情况下，必须用这种译法才能显得很合适。

> **e.g.** The spare parts can be produced in a short period of time.
> 在短时间内可以生产出零件。

分析：这句话用"被动变主动"的方法来翻译就很合适，因为原句中没有宾语，不存在强调哪个部分的问题。由此可见，在被动语态的句子中，若没有宾语，则用"被动变主动"的方法最合适。

第二种：不用"被"字，则找"被"的替代词。

e.g. The enemies were attacked by us.
敌人受到了我们的攻击。

分析：句子中原本出现的"被"字被"受到"所替代。我们把这种方法称为找"被"的替代词。

中文里有很多这样的替代词。这类替代词的使用，我们也称为"隐藏被动语态"。

在中文里，一般不用"被"，而是用其他词来替代"被"，但是这样也能形成被动语态。在中文里我们把这样的被动语态称为"隐藏被动语态"。

e.g. The old lady was saved by the young man.
这个老奶奶为那个年轻人所救。

分析："为……所"结构是中文里最经典的"隐藏被动语态"之一。

e.g. The playground was cleaned by three students.
操场是（由）三个学生打扫的。

分析："是（由）+动词……的"结构也是中文里一个经典的"隐藏被动语态"。

所以，我们在英译汉遇到类似于这样的句子时，不要用"被"字，而要用其他单词代替，而在汉译英时，我们也要找出"隐藏被动语态"，不要弄错了结构。

例如 1998年是联合国确定的国际海洋年。（本句选自庄绎传编著的《英汉翻译教程》。）

1998 was designated by the United Nations as the International Ocean year.（此版本来源于庄绎传编著的《英汉翻译教程》参考译文。）

分析：本句中，"是……确定的"就是一个"隐藏被动语态"，在翻译过程中需要格外注意，而且需要注意选择什么样的词来翻译本句中的"确定"，用 designate 较合适。

第三种：在科技文献中，我们用"可以"来替代"被"。

e.g. The oil is used as perfume.（本句选自庄绎传编著的《英汉翻译教程》。）

这种油可以用来作为香水。（此版本来源于庄绎传编著的《英汉翻译教程》参考译文。）

分析：原文中的 is used as 本身是被动语态，为了避免使用"被"字，我们用"可以"来替代。

e.g. This computer is treated as human's friend.
这种电脑可以当作人类的朋友来对待。

分析：原文中的 is treated as 本身是被动语态，为了避免使用"被"字，我们用"可以"来替代。

第四种：有"被"不用"被"。

e.g. When the whale is killed, it can be stripped out on the shore.（本句选自庄绎传编著的《英汉翻译教程》。）

鲸鱼杀死之后，就在岸上扒皮了。（此版本来源于庄绎传编著的《英汉翻译教程》参考译文。）

分析：原文中有两个"被动语态"，但是我们翻译出来之后都没有出现"被"字。虽然没有这个字，但是仍然可以表示被动的含义。

中文里经常出现这种没有"被"字，而仍然有被动含义的句子，比如说"这东西摸起来很舒服"，这句话当中没有"被"字，但是所表示的含义却是被动的。

由以上四种翻译被动语态的方法可以得知，中文里很少用"被"这个字。

这不等于说中文里就没有"被"这个字了，任何语言的表达都要符合语言本身的习惯，不一定是固定的模式，或一定要用某个词来翻译。在这里，我们只是说通常状况下中文里是不用"被"字的。2009年，网络评选出的中国最流行的汉字就是"被"，"被就业""被提高""被出现"等词经常出现在人们的口中，经过分析不难发现，这些词组的用法大都也是贬义的，所以在翻译中尽量少用。

二、被动语态的翻译

在以上的讲解中,我们学习了被动语态的翻译方法,接下来和同学们一起分析这样几个例句,看看怎样把这几种译法运用到实践当中去。

> **例句 1**   Today this treasury of silt is trapped behind the dam, and there is no effective drainage system.（本句选自庄绎传编著的《英汉翻译教程》。）

误：当今,泥沙的宝贵被大坝拦到后面去了,并且也没有了有效的除盐系统。

分析

上面版本的译文读起来就感觉不通顺,而且"泥沙的宝贵"这句话也令人费解。句中的一个被动语态完全可以避免,而在译文中却生硬地出现了,也让我们感到疑惑。

第一步：断句

Today/this treasury of silt is trapped behind the dam, /and there is no effective drainage system.

断句之后的分析：这是一个短句,在翻译时需要用逗号。而且,句中有一个被动语态也需要翻译。

第二步：翻译

现在,宝贵的泥沙¹却让水坝给拦住了²,也没有了有效的除盐系统。

1. 这个词组的翻译比较难,因为按照原文应当翻译为"泥沙的宝贵"。在这里给大家介绍一种关于"偏正互换"的译法。

>
>
> "偏正互换"一般用于英译汉中,就是把英文中的"偏正短语"翻译成为中文里的"正偏短语"。
>
> **e.g.**   this treasury of silt
>   宝贵的泥沙

分析：原本应该翻译为"泥沙的宝贵"，但是这样不通顺，所以将原文中的silt和treasury进行互换，就变成了"宝贵的泥沙"。这种翻译方法在高级笔译中，特别是文学翻译中比较常见。

e.g. Europeans today, like Americans 200 years ago, seek a world where strength does not matter so much…

当今的欧洲人，和两百年前的美国人一样，在寻找着一个世界，在那里，武力并不是最重要的……

分析：原本句中的Europeans today应该翻译为"欧洲人的当今"，但是为了更加通顺，翻译为"当今的欧洲人"，这也属于"偏正互换"的译法。实际上，我们应该注意到这种译法，特别在我们刚开始学习翻译的时候。但要熟练使用这种译法，还需要一定的练习。

2. 这个被动语态的翻译我们使用了"找替代词"的方法。所以在句中我们使用了"让……给……"的替代结构，这也是中文里的一种"隐藏被动语态"。

第三步：重读

正：现在，宝贵的泥沙却让水坝给拦住了，也没有了有效的除盐系统。（此版本来源于庄绎传编著的《英汉翻译教程》参考译文。）

本句总体上结构较简单，只有被动语态，虽然前后两句意思不是很明确，由于没有上下文，所以只能按照原文翻译。

例句2

When the crude oil is obtained from the field, it is taken to the refinery to be treated. The commonest form of treatment is heating. When the oil is heated, the first vapors to rise are cooled and become the finest petrol. Petrol has a low boiling point; if a little is poured into the hand, it soon vaporized. Gas that comes off the oil later is condensed into paraffin. Last of all the lubricating oils of various grades are produced. What remains is heavy oil that is used as fuel.（本句选自庄绎传编著的《英汉翻译教程》。）

误：当原油被从田地里实现的时候，它就被送到炼油厂去被提炼。最常见的提炼方式就是加热。当油加热的时候，最先升起的蒸汽就被冷却，并且变成了最好的汽油。汽油有很低的沸点。如果一点被倒在了手上，它就蒸发了。后来从石油里面出来的气体就被浓缩为煤油。最后，各种等级的润滑油就被生产出来了。剩下来的就是重油，被当作燃料。

分析

我们很少讲到段落的翻译，因为在刚开始学习笔译的过程中，我们主张用句子作为练习的主要手段。但是例句2很特殊，我们在学习被动语态的翻译方法时都要学习这篇文章，笔者只是摘录了其中的一段。这篇文章就是美国著名科技小说家索恩利写的《油》，文章中被动语态的使用堪称一绝，同学们可以在网络上或是图书馆里找到这篇文章，看看中文是如何翻译的。

在摘录的这一段文字中，原作者多次使用了被动语态，因为本文是科技文献，而且英文本身就善于使用被动语态。这段文字的句子结构不是很复杂，我们主要还是注意被动语态、定语从句和专业名词的翻译。专业名词的翻译，特别是对于刚学翻译的同学来说，不是能在短期内突破的。我们在平日的学习中要注意结合自身专业的特点，多学习专业词汇，勤用字典，养成使用字典的好习惯。

第一步：断句

When the crude oil is obtained from the field, /it is taken to the refinery/to be treated[1]. The commonest form of treatment is heating[2]. When the oil is heated, /the first vapors to rise are cooled/and become the finest petrol[3]. Petrol has a low boiling point; /if a little is poured into the hand, /it soon vaporized[4]. Gas/that comes off the oil later/ is condensed into paraffin[5]. Last of all/the lubricating oils of various grades are produced[6]. What remains is heavy oil/that is used as fuel[7].

断句之后的分析：本段句子较多，分析时我们逐句来看。

1. When the crude oil is obtained from the field, /it is taken to the refinery/ to be treated.

这句话是一个时间状语从句和主句构成的主从复合句，其中还使用了三次被动语态。而且the crude oil, the field, the refinery 这三个单词都属于专业词汇，在翻译时应当注意。

2. The commonest form of treatment is heating.

这个句子基本没有知识点，翻译时只要遵循前后通顺的原则即可。

3. When the oil is heated, /the first vapors to rise are cooled/ and become the finest petrol.

这句话是一个时间状语从句和主句构成的主从复合句，出现了两次被动语态，the finest petrol 属于专业名词，翻译时需要注意。

4. Petrol has a low boiling point; /if a little is poured into the hand, /it soon vaporized.

这句话是由一个分号连接的句子，在英译汉时，句子中如果出现分号，我们一般都把它当作句号来翻译，也就是翻译成为两个句子。本句中也出现了一次被动语态。

5. Gas/that comes off the oil later/is condensed into paraffin.

这句话中有定语从句和被动语态，且有 paraffin 这样的专业名词。

6. Last of all/the lubricating oils of various grades are produced.

这句话是一个典型的没有宾语的被动语态语句，我们主张使用"被动变主动"的翻译方法。

7. What remains is heavy oil/that is used as fuel.

这句话中既有主语从句，也有定语从句和被动语态，注意 heavy oil 这个专业名词。

第二步：翻译

油田打出原油以后[1]，便送到炼油厂去处理[2]。最普通的处理方式[3]就是加热。石油经过加热[4]，最先冒出来的蒸气冷却[5]后[6]就是质量最高的汽油。汽油的沸点低[7]。倒一点在手上[8]，很快就挥发了。随后从石油分离出来的[9]气体可以[10]浓缩为煤油。最后产生的是各种等级的润滑油[11]。剩下的物质[12]便是可以用作燃料的重油[13]了。

1. 这个被动语态的翻译采用了"被动变主动"的译法，而且把 obtain 翻译成了"打出"。

2. 这句话中的两个被动语态都使用了"有被不用被"的译法，而且 refinery 准确地翻译成了"炼油厂"。

3. form of treatment 翻译为"处理方式"十分准确,不要翻译为"处理形式"。

4. 要准确理解这个分句中 when 的翻译,如果理解为"同时发生",那就是说"油加热和蒸气出现是同时的",但是情况却不是这样,因为只有先"加热油","蒸气才能冒出来"。根据这样的分析,when 翻译为"经过"较合适。

5. 这个被动语态的翻译使用了"<u>有被不用被</u>"的译法,不需要翻译为"被冷却"。

6. 原文中有 and 这个单词,但是,我们在翻译时要注意先后发生的时间,只有先"冒出来蒸气",然后才能变成"汽油",所以在这里我们把 and 理解为"后",而不是同时发生。

7. 这个句子在前面已经说过,因为有分号,所以我们在翻译时要用句号来替代。但是这句话还有一个有趣的现象,原文是 Petrol has a low boiling point,译文却是"汽油的沸点低"。为什么不译为"汽油有很低的沸点"呢?其实,这里有一个很复杂的问题,即"<u>换主语</u>",我们也称之为"<u>主谓搭配</u>"。这个知识点我们在后面会仔细地讲解。

8. 这个被动语态的翻译采用了"<u>有被不用被</u>"的译法。"倒一点在手上"而不是"一点被倒在手上"。

9. 这个定语从句较短,使用了前置译法。

10. 这个被动语态的翻译采用了"<u>可以</u>"的译法。

11. 这个被动语态的翻译采用了"<u>被动变主动</u>"的译法。因为这个句子是典型的没有宾语的句子,所以在翻译时采用"被动变主动"的译法比较合适。

12. what it remains 这个主语从句的翻译比较简单,但是我们要注意 what 的译法,因为我们经常会忽视这个单词的翻译。what 属于代词的范畴,"<u>代词指明要点</u>",所以我们要找出 what 究竟指的是什么。

e.g. What he said is true.
他所说的话是正确的。

分析:what 在这句话当中指的是 he 所说的内容,而不能忽略不计,甚至不能翻译为"他所说的是正确的"。

所以在例句 2 中,what 可以翻译为"物质、东西"等。

13. heavy oil 可以翻译为"重油"。

第三步：重读

正：油田打出原油以后，便送到炼油厂去处理。最普通的处理方式就是加热。石油经过加热，最先冒出来的蒸气冷却后就是质量最高的汽油。汽油的沸点低。倒一点在手上，很快就挥发了。随后从石油分离出来的气体可以浓缩为煤油。最后产生的是各种等级的润滑油。剩下的物质便是可以用作燃料的重油了。（此版本来源于庄绎传编著的《英汉翻译教程》参考译文。）

翻译例句 2 时，我们始终应注意的就是被动语态的翻译，还有定语从句的翻译，代词的翻译，甚至是专业名词的翻译。所以，翻译文章时首先要搞清楚文章的题材，然后利用字典查找专业名词的含义，最后再进行翻译和重读，这样才能保证译文正确性和完整性。

三、被动语态长难句的分析和翻译

在前一部分的讲解中，我们重点介绍了被动语态的翻译方法，并且练习了许多例句。在这部分的学习中，我们把精力放在长难句的分析和翻译上，毕竟在翻译中会遇到很多长难句。我们在讲解笔译的同时，也要让同学们对长难句有所认识和了解。下面让我们一起来看看这样几个句子的翻译。

例句 3

It is not known how rare this resemblance is, or whether it is most often seen in inclusions of silicates such as garnet, whose crystallography is generally somewhat similar to that of diamond; but when present, the resemblance is regarded as compelling evidence that the diamonds and inclusions are truly cogenetic.（本句选自 GRE 真题。）

误：不知道这样的相似究竟有多么的稀少，或者是否最常见于硅酸盐的内含物当中，比如石榴石，它的晶体结构总的来说从某种程度上类似于钻石，但是当存在时，这种相似就被认为是有说服力的证据，钻石和内含物确实是同源的。

分 析

从例句3的特点来看，这句话属于句型结构比较简单，但是生词较多的一种长难句。我们在前面说过，这种句子的处理方式，就是把生词查找出来，依次翻译就可以。但是，句子中还存在被动语态、定语从句、同位语从句等重要的语法现象，所以我们在翻译时，也要注意这些问题的处理。

第一步：断句

It is not known/how rare this resemblance is, /or whether/ it is most often seen in inclusions of silicates such as garnet, /whose crystallography is generally somewhat similar to that of diamond; /but when present, /the resemblance is regarded as compelling evidence/ that the diamonds and inclusions are truly cogenetic.

断句之后的分析：本句是一个用but连接的并列句，前面一句中有一个被动语态，或者也可以认为是一个主语从句，or的后面又连接了一个被动语态的句子，whose后面出现了一个非限定性定语从句，but之后有一个时间状语，主句后存在一个同位语从句。句中的专业名词较多，如inclusions，silicates，garnet，crystallography，diamond等。

第二步：翻译

现在尚不知[1]这种类似稀少到何种地步[2]，也不知道[3]是否它最常见于像石榴石一类的[4]硅酸盐的内含物中，这类物质的[5]晶体结构普遍地在某种程度上类似于金刚石的晶体结构[6]。但一旦存在，这种类似就可以[7]视作是极有说服力的证据，金刚石[8]与内含物确是同源的。

1. 把It is not known... 翻译为"现在还不知道……"是一个很好的结构，因为这不但是被动语态，也是主语从句，所以无主语的句子用"<u>被动变主动</u>"的译法较合适。

2. how rare this resemblance is 这个句子不是一个感叹句，有的同学按照感叹句来翻译。试想在非文学作品中突然来这么一个感叹句，合适吗？这个句子肯定是一个主语从句，前面有it，所以在翻译时要处理为"这种类似稀少到何种地步"。

3. 这个or连接的是并列的两个句子，也就是说It is not known后面有两个句子，是用or来连接的，所以在翻译的时候，我们要把动词"也不知道"补上。这种译法我们称为"动词的分配原则"。

>
>
> "动词的分配原则"就是指在英译汉时,宾语前缺少谓语时,我们需要增动词。这属于增词的一种,也可以称为"动词的分配原则"。
>
> **e.g.** He wears a coat, a hat and a scarf.
>
> 他穿着一件上衣,戴着一个帽子,系着一条围巾。
>
> 分析:在 wears 这个单词的后面有三个宾语,我们在翻译的时候要将这个动词分配给三个名词,不能只给第一个单词。用公式表达如下:
>
> $$A \times (B + C + D) = AB + AC + AD$$

4. 翻译时要注意 such as garnet 这个短语的位置,要把它提到 inclusions of silicates 的前面来翻译。这里又体现了什么样的译法呢?这种译法主要是和中英文差异有一定的关系,<u>中文先分后总</u>,而<u>英文是先总后分</u>。

> 例如 中国选手在跳水、乒乓球、羽毛球、体操等项目上都获得了金牌。
>
> The Chinese athletes won gold medals in these events, such as diving, table tennis, badminton and gymnastics.

分析:"跳水、乒乓球、羽毛球和体操"属于分说,"项目"属于总说,所以按照中英文语言的差异,译文采用了以上的结构。

在原句当中同样也是这个原理,such as garnet 属于分说,inclusions of silicates 属于总说,所以在翻译时,要将 such as garnet 放在前面翻译,把 inclusions of silicates 放在后面翻译。

5. whose 引导的这个非限定性定语从句比较难翻译。我们在前面曾经说过,<u>非限定性定语从句需要采用后置译法,且要翻译关系词</u>。但是,在这句当中我们很难分析出 whose 指的究竟是什么单词,到底是 garnet, inclusions, 还是 silicates 呢?在日常的翻译中,我们不可能花费很长的时间分析句子结构和句式特点,最终来弄清楚 whose 究竟指的是什么。那么,我们应该怎么办呢?这时,我们所能想到的就是把这样的问题留给读者。作为一个译者,我们有时很难揣测出这么难的问题,所以我们在翻译的时候就用"这类物质"这个词汇来进行"模糊翻译"。虽然这样做没有弄清句子结构，但是我们要做的是翻译出整句话，而不是分析句子。即使分析出来，翻译不出来，也是没有用的。这种"模糊翻译"的方法在日常翻译中很常见。

6. that of diamond 中的 that 必须要翻译出来，因为这是一个代词，代词要指明要点。根据分析，that 指的是前面所提到的"晶体结构"。

7. is regarded as 是一个被动语态，考虑到这是一篇科技类文章，我们在翻译的时候用"可以"两个字来代替"被"。

8. diamond 在化工当中应该指的是"金刚石"，而不是"钻石"。

第三步：重读

正：现在尚不知这种类似稀少到何种地步，也不知道是否它最常见于像石榴石一类的硅酸盐的内含物中，而¹这类物质的晶体结构普遍地在某种程度上类似于金刚石的晶体结构。但一旦存在，这种类似就可以视作是极有说服力的证据，证明²金刚石与内含物确是同源的。（此版本来源于 GRE 真题的官方参考译文。）

1. 这两个句子在翻译出来之后，需要连接，所以我们在这里增加"而"，以显示它们之间的关系。

2. The resemblance is regarded as compelling evidence/ that the diamonds and inclusions are truly cogenetic. 这句话中的 that 引导了一个同位语从句，在前面我们曾经讲过同位定语从句的译法，其实同位语的译法也类似于这样的情况。

　　同位语的翻译方法一般来说有两种。第一种是将同位语翻译成主谓结构，第二种是翻译为中文里的"顶真"结构（顶真是中文的一种修辞方法，即一个句子的最后一个词语和其后句子的第一个词语相同）。

e.g.　Beijing, the capital of China, is a very beautiful city.
　　　北京是中国的首都，它十分美丽。

　　分析：Beijing 和 the capital of China 是同位语结构，在这里我们翻译为主谓结构。

第四天　突破英文中被动语态的翻译

> **e.g.** So, let us, in these next five days, start a long march together, not in lockstep, but on different roads leading to the same goal, the goal of...
> 所以，让我们在接下来的五天里，开始一次长征吧，不是一起迈步，而是在不同的道路上向着相同的目标前进。这个目标就是……
>
> 分析：句中的 ...the same goal, the goal of... 的结构属于同位语结构，在翻译的时候，我们把这个结构翻译为"顶真"结构，即"……相同的目标前进。这个目标就是……"。
>
> 其实刚才这种译法也可以称为"重译法"，这种译法在英语视译中特别常见。

综上所述，回到例句3中 that 引导的同位语从句，我们可以使用"重译法"，将其翻译为"这种类似就可以视作是极有说服力的证据，证明金刚石与内含物确是同源的。"这个"证据"和"证明"既是"顶真"，也是"重译"。

例句3这个长难句是GRE阅读中的经典例句，也是翻译中的经典例句。我们不仅要注意被动语态、定语从句和同位语从句的译法，更要注意生词的翻译。

例句4　A long-held view of the history of English colonies that became the United States has been that England's policy toward these colonies before 1763 was dictated by commercial interests and that a change to a more imperial policy, dominated by expansionist militarist objectives, generated the tensions that ultimately led to the American Revolution.（本句选自GRE真题。）

误：一个长久以来后来变成了美国的英国的殖民地的历史的观点是英国在1763年以前对于殖民地的政策被商业利益控制着，一种向着更加帝国主义政策的转变，被扩张军事目标支配，产生了最终导致美国革命的紧张。

分析

例句4的特点是主语很长，而且很难翻译。我们虽然能很容易看出例句的结构，但是在这里，句子的语言组织对我们来说更加重要。上面的译文将宾语中出现的被

65

动语态翻译为"被……",所以我们基本可以认为这一版本的译文是失败的,最重要的是它根本没有断句,这就是英译汉时的致命伤。

第一步:断句

A long-held view of the history of English colonies/that became the United States/ has been that/England's policy toward these colonies before 1763/was dictated by commercial interests/and that a change to a more imperial policy, /dominated by expansionist militarist objectives, /generated the tensions/that ultimately led to the American Revolution.

断句之后的分析:本句主语较长,在第一个版本的译文中,译者没有处理好主语的问题。我们经常强调,如果一个句子翻译不通顺或过长时应当怎样来翻译,最简单的方法就是——重新断句。在接下来的翻译过程中,我们仍然使用这样的方法。我们看到,在主语之后有两个并列的谓语,谓语中存在两个被动语态,而且后一个谓语的被动语态出现在插入语当中,所以在翻译时要注意插入语的位置,最后还有一个定语从句来修饰宾语。

第二步:翻译

长久以来[1],有这样一种关于英国殖民地历史的观点,这块殖民地后来变成了美国[2],这种观点[3]认为英国在1763年以前对于这些殖民地的政策为经济利益所支配[4],而且认为一种向着更大程度帝国制度的政策上的转变——为扩张主义的军事目标所左右[5]——产生了最终导致美国革命的紧张气氛[6]。

1. 在翻译这个主语时,我们采取了"剥洋葱"的方法,就是把不重要的成分拿出来先翻译,最后留下主要的成分再翻译。所以,long-held这个单词就拿出来先翻译了。当然这种把形容词和副词拿出来单独翻译的方法也很特别,特别在文学翻译中很常见,我们在后面一章会重点讲到。

2. 因为主句的定语太多,我们只能使用重新断句的方法,而且要进行分割翻译。这个定语从句虽然很短,少于八个单词,但是如果放在中心词的前面翻译,那么句子会更加冗长,让读者不能明白其意思,所以我们主张放在后面翻译也未尝不可。

3. 这里用一个词"这种观点"来代替了前面整个句子。这种译法属于前面讲过的"本位词"与"外位语"的关系。

4. was dictated by 在这里翻译成了"为……所支配"。很显然，这里用到了被动语态"<u>找替代词</u>"的翻译方法。

5. dominated by expansionist militarist objectives 这个插入语，<u>不表示作者的观点</u>，所以我们一般要<u>保持原位</u>，用<u>破折号连接</u>。只有在插入语<u>表示作者观点</u>时，我们才提到<u>句首翻译</u>。而且插入语中的 dominated 不是表示"过去"而是"被动"，所以在翻译的时候，我们采用"<u>找替代词</u>"的翻译方法，翻译为"为扩张主义的军事目标所左右"。

6. that ultimately led to the American Revolution 这个定语从句因为少于八个单词，我们还是主张放在被修饰词前面翻译。

第三步：重读

正：长久以来，有这样一种关于英国殖民地历史的观点，这块殖民地后来变成了美国，这种观点认为英国在1763年以前对于这些殖民地的政策为经济利益所支配，而且认为一种向着更大程度帝国主义的政策上的转变——为扩张主义的军事目标所左右——产生了最终导致美国革命的紧张气氛。（此版本来源于GRE真题的官方参考译文。）

例句4也是GRE阅读中的经典句子，句子的主语很有特点。我们在翻译过程中要注意分割每个成分，把说者要表达的观点说明白。再者就是，句子的表语中有两个被动语态，翻译时要注意使用前面讲过的四种翻译方法。

例句 5

More probable is transported by birds, either externally, by accidental attachment of the seeds to feathers, or internally, by the swallowing of fruit and subsequent excretion of the seeds.（本句选自GRE真题。）

误：更有可能的是被鸟类运输，要么外部，通过偶然的羽毛种子的黏附，要么内部，通过水果的吞食后来种子的排泄。

分析

首先，以上版本的译文中的"被"肯定有问题；其次，例句中后面两个状语的翻译也存在不通顺的现象，漏洞百出。所以，可以认为这个版本的译文翻译得很失败。

第一步：断句

More probable is transported by birds, /either externally, /by accidental attachment of the seeds to feathers, /or internally, /by the swallowing of fruit and/ subsequent excretion of the seeds.

断句之后的分析：主句由一个被动语态构成，后面是 either 和 or 连接的两个部分。其实翻译这句话的重点并不是主句的翻译，而是状语里面的名词该如何翻译，这也是一个难点。

第二步：翻译

更有可能的是由鸟类来运输[1]：要么是通过外部方式[2]，即由于种子偶然黏附[3]在羽毛上；要么是通过内部方式，即由于鸟类吞食果子并随后将种子排泄出来。

1. 这个被动语态处理得很巧妙，我们用了"<u>找替代词</u>"的翻译方法，用"由……来……"替代这个被动语态。

2. externally 和后面的 internally 翻译成了"外部方式"和"内部方式"。这样增词可以让词汇变得更加通顺。

3. 不论是句中的 attachment，还是 swallowing 和 excretion 都翻译成了动词"黏附""吞食"和"排泄"。这是为什么呢？这就是我们要向同学们介绍的翻译中的<u>规律二——抽象名词的翻译方法</u>。

TIPS

我们在第二天的学习中，学习了规律一——谓语动词的过渡。从那时起我们逐渐了解到中文是一种动态性语言，多用动词；而英文是一种静态性语言，多用名词。英文中名词较多，我们在英译汉时常常要把这些名词翻译为中文里的动词。

e.g. our national spirit

我们民族的精神

the spirit of our nation

我们民族具有的精神

分析：根据我们学习的语法来判断，以上两个短语除了强调的方面有所不同以外，其他都是一样的。但是，这在翻译中就有很大的不同，我们一般将以下结构中的名词称为抽象名词：

冠词（通常是 the）+ 名词 + 介词（通常是 of）

也就是说，在 the 之后，of 之前的名词，我们一般都称为抽象名词。而抽象名词的翻译方法有两种：第一种，抽象名词有动词词根时，翻译为动词；第二种，抽象名词没有动词词根时，进行增词。

e.g. The suggestion of mine is that...

我建议……

分析：因为 suggestion 在 the 和 of 之间，而且 suggestion 有动词词根，所以在翻译时，我们将它翻译为动词"建议"。

e.g. the spirit of our nation

我们民族具有的精神

分析：因为 spirit 在 the 和 of 之间，但是 spirit 这个单词没有动词词根，所以在翻译时，我们增了一个动词"具有"。

以上分析又一次应验了中英文的一大差异：中文是动态性语言，善于用动词；而英文是静态性语言，善于用名词。

再来看看例句 5 中的几个抽象名词，分别是 attachment 和 swallowing，excretion。它们也都分别在冠词和 of 中间，我们可以认为它们都是抽象名词，而且这三个单词都有动词词根，意思分别是"黏附""吞食"和"排泄"，所以我们也就将它们当作动词来处理了。

第三步：重读

正：更有可能的是由鸟类来运输：要么是通过外部途径，即由于种子偶然黏附在羽毛上；要么是通过内部方式，即由于鸟类吞食果子并随后将种子排泄出来。（此版本来源于 GRE 真题的官方参考译文。）

我们在这个例句的翻译过程中学到的主要知识点是抽象名词的翻译方法，这是中英文翻译里的一个特有现象，也是翻译中的第二个规律。其实从实战的角度来说，我们在英译汉时需要看见较多的动词，而在汉译英时需要看见较多的名词。甚至是在英文写作的时候，我们也要在英文中多用名词，这样才能提高我们的写作水平。

四、总结今天的内容

在今天的学习中,我们主要讲解了英文中被动语态的翻译方法,而且在练习过程中,还涉及"隐藏被动语态""偏正互换"等译法,之后三个长难句的分析和翻译很有价值。面对长难句,只要我们能够准确分析句子的结构,然后把这些结构各个击破,再逐个进行翻译。在翻译的过程中注意专业名词的翻译以及这些词该如何搭配,如何让句子显得更加流畅,这样翻译出来的就一定是好的译文。最后总结今天学到的知识:被动语态的译法、动词的分配原则、中英文的总分关系、同位语的翻译、"重译法"和"抽象名词"的翻译方法等。

练 习

一、请回答下列问题

1. 英译汉时,被动语态的翻译方法主要有几种?分别是什么?
2. "隐藏被动语态"是什么?我们一般如何使用?如何识别?
3. 英译汉时"偏正互换"指的是什么?我们在翻译时应当如何使用?
4. 英译汉时动词的分配原则指的是什么?请举例说明。
5. 中英文的总分关系指的是什么?请举例说明。
6. 英文中同位语有几种译法?分别是什么?
7. "重译法"一般用于什么情况下?
8. 英文中"抽象名词"指的是什么?一般出现在什么位置?如何翻译?

二、英译汉段落翻译

Speech by President Nixon of the United States at Welcoming Banquet

21 Feb 1972

Mr. Prime Minister and all distinguished guests this evening,

On behalf of all your American guests, I wish to thank you for the incomparable hospitality for which the Chinese people are justly famous throughout the world. I particularly want to pay tribute, not only to those who prepared the magnificent dinner, but also to those who have provided the splendid music. Never have I heard American music played better in a foreign land.

Mr. Prime Minister, I wish to thank you very gracious and eloquent remarks. At the very moment through the wonder of telecommunication, more people are seeing and hearing what we say than on any other such occasion in the whole history of the world. Yet, what we say here will not be long remembered. What we do here can change the world.

As you said in your toast, the Chinese people is a great people, the American people is a great people. If our two people are enemies the future of this world we share together is dark indeed. But if we can find common ground to work together, the chance for world peace is immeasurably increased.

In the spirit of frankness which I hope will characterize our talks this week, let us recognize at the outset these points: we have at times in the past been enemies. We have differences today. What brings us together is that we have common interests which transcend those differences. As we discuss our differences, neither of us will compromise our principles. But while we cannot close the gulf between us, we can try to bridge it so that we may be able to talk across it.

So, let us, in these next five days, start a long march together, not in lockstep, but on different roads leading to the same goal, the goal of building a world structure of peace and justice in which all may stand together with equal dignity and in which each nation, large or small, has a right to determine its own form of government, free of outside interference or domination. The world watches. The world listens. The world waits to see what we will do. What is the world? In a personal sense, I think of the eldest daughter whose birthday is today. As I think of her, I think all the children in the world, in Asia, in Africa, in Europe, in the Americas, most of whom were born since the date of the foundation of the People's Republic of China.

What legacy shall we leave our children? Are they destined to die for the hatreds which have plagued the old world, or are they destined to live because we had the vision to build a new world?

There is no reason for us to be enemies. Neither of us seeks the territory of the other; neither of us seeks domination over the other; neither of us seeks to stretch out our hands and rule the world.

Chairman Mao has written, "So many deeds cry out to be done, and always urgently; the world rolls on, time presses. Ten thousand years are too long, seize the world, seize the hour!"

This is the hour. This is day for our two people to rise to the heights of greatness which can build a new and a better world.

In that spirit, I ask all of you present to join me in raising your glasses to Chairman Mao, to Prime Minister Chou, and to the friendship of the Chinese and American people which can lead to friendship and peace for all people in the world.

第五天

突破英文中代词的翻译

一、简单说说代词和代词的翻译

代词在英文中使用广泛，这和中文有一定的差异。在<u>中文里</u>，我们要么<u>重复</u>前一句话中的<u>名词</u>，要么<u>省略</u>，<u>很少用代词</u>，最少用的就是"第三人称"，因为"他""她"和"它"的发音都是一样的。在英文阅读理解中，我们也经常会遇到这样的问题，就是找出某一段某一行的某个代词指的是什么。从这当中我们也可以看出，<u>中文不善于用代词，而英文善于用代词</u>。

从翻译的角度讲，<u>英译汉</u>时，<u>多用名词</u>，或者<u>省略</u>；<u>汉译英</u>时，<u>多用代词</u>。根据笔者多年的笔译经验，英文中代词的翻译可以总结为两句话：一是<u>代词指明要点</u>；二是代词的翻译要<u>不抽象，不具体</u>。对于第一句话，同学们理解得比较深刻，但是对于第二句话，可能会有些疑惑。请同学们一起来看看下面这句话怎么翻译吧。

例句 1

It may seem strange to put an industrial revolution and two political revolutions into the same packet. But the fact is that they were all social revolutions.（本句选自庄绎传编著的《英汉翻译教程》。）

误：把一场工业革命和两场政治革命放在相同的篮子里，似乎看上去有点奇怪。但是，事实是它们都是社会革命。

分析

例句1翻译的重点是前面句子中 put... into the same packet 这个固定词组的翻译和后面句子中 they 这个代词的翻译，很多同学都翻译错了。

第一步：断句

It may seem strange/to put an industrial revolution and two political revolutions into the same packet. /But/ the fact is that/ they were all social revolutions.

断句之后的分析：从断句的情况来看，句首的 it 指的是后面的不定式 to put an industrial revolution and two political revolutions into the same packet，而且 put... into the same packet 不能翻译成"把……和……放在相同的篮子里"。后面句子中 they 指的是前面的 an industrial revolution and two political revolutions。

第二步：翻译

把一场工业革命和两场政治革命归为一类¹，这²似乎有点奇怪³，但是，事实上⁴，这三场革命⁵都是社会革命。

1. put... into the same packet 的意思在这里可以理解为"归为一类"。

2. 在这里断句之后，我们用"这"来代替前面所有的内容。这是"<u>本位词</u>"和"<u>外位语</u>"的译法。

3. 把不定式放在句首翻译是因为 it 代替的是不定式，而且这里也体现了<u>评论与事实的关系</u>。to put an industrial revolution and two political revolutions into the same packet 是事实，strange 是评论，根据<u>中文先说事实后评论</u>，所以翻译为以上的版本。

4. 原句中是用 the fact is that 引导了一个表语从句，我们却把它翻译为插入语"事实上"。这里涉及 <u>the fact 的两种译法</u>。

第一种情况是以 the fact is that 引导表语从句，一般来说，我们把它翻译为插入语"事实上"。

e.g. President Bush is making a noble effort to pull together the fraying alliance but the fact is that Europeans and Americans no longer share a common view of the world.（本句选自王大伟、韩忠华主编的《英语笔译实务·三级》中《欧美分歧》一文。）

美国总统布什正竭力将有摩擦的联盟拉扯到一起，但是，事实上，欧洲人和美国人不再享有相同的世界观。（此版本来源于王大伟、韩忠华主编的《英语笔译实务·三级》参考译文。）

分析：本句当中 the fact is that 引导了一个表语从句，所以我们把它翻译为"事实上"。

第二种情况就是 the fact that 引导的同位语从句，我们一般不翻译这个词组。

e.g. The fact that he had stolen some important files was true.

他偷了一些重要的文件，这是真的。

分析：the fact that 引导了一个同位语从句，我们不能翻译为"他偷了一些重要文件的事实是真的"，因为这样造成了语句的不通顺，所以我们省略 the fact that，直接翻译句子的其余部分。

5. they 这个单词指的是上文中的 an industrial revolution and two political revolutions，我们在翻译的时候既不能翻译为"一场工业革命和两场政治革命"，也不能翻译为"它们"，因为前者翻译得过于具体，后者翻译得过于抽象，所以我们翻译为"这三场革命"最合适，这也就是我们所说的代词"不抽象、不具体"的翻译方法。

第三步：重读

正：把一场产业革命[1]和两场政治革命归为一类，这似乎有点奇怪，但是，事实上，这三场革命都是社会革命。（此版本来源于庄绎传编著的《英汉翻译教程》参考译文。）

1. 在这里，我们把 an industrial revolution 翻译为"产业革命"，而不是"工业革命"，因为在《辞海》中并没有"工业革命"这个词组的具体解释。《辞海》中对"产业革命"的解释是："产业革命，又称'工业革命'。"所以我们在这里用"产业革命"更为合适。

想要把一个句子翻译得完美，除了在分析句型结构的时候不能出错之外，我们还要注意单词的翻译。因为翻译单词时我们不仅仅要明白它的含义，还要把单词放在句中，根据上下文翻译出最准确的意思，让句子更加流畅。

二、代词在句子中的翻译

代词在英文中的翻译我们在上面已经说得很清楚了，除了应"指明要点"以外，还应是"不抽象、不具体"的。那么接下来就让我们再看看下面几个例句中的代词该如何翻译吧。

例句 2　Two things are outstanding in the creation of the English system of canals, and they characterize all the Industrial Revolution.（本句选自庄绎传编著的《英汉翻译教程》。）

误： *两件事情在英国运河网络的创造中很突出，并且他们让整个产业革命有了特点。*

分析

例句 2 的翻译难点不多，但是要注意 the creation of 这个结构，因为其中需要用到特殊的翻译方法。而且也要注意后面 they 的翻译，特别是 characterize 更不能翻译为"让……有了特点"。上面的译文没有注意到这几点，所以错误在所难免。

第一步：断句

Two things are outstanding/in the creation of the English system of canals, /and they characterize all the Industrial Revolution.

断句之后的分析：整个句子的翻译有三个难点。第一个是 the creation of，因为 creation 位于 the 和 of 中间，所以我们可以认为 creation 是一个抽象名词，要注意抽象名词的翻译方法；第二个是明确 they 在句子中究竟指的是什么；第三个是 characterize 的翻译。只要处理好这几个问题，这个句子也就翻译出来了。

第二步：翻译

有两点[1]在修建[2]英国运河网的过程中[3]是非常突出的，而这两点[4]也正是整个产业革命的特点[5]。

1. "有两点"是主语，这符合<u>中文先出主语</u>的一般原则。

2. 根据刚才断句之后的分析，creation 是一个抽象名词，而且这个抽象名词有动词词根，所以我们把 creation 翻译为动词"修建"。

3. in the creation of the English system of canals 这个词组原本翻译为"修建英国运河网中",但是这样读起来比较牵强。在这里,我们用了<u>增词</u>的方法来解决这个问题,翻译时增加"过程"这个词,最后就变成了"在修建英国运河网的过程中"。

4. they 这个单词指的是 two things,two things 这个词组本身就是"不抽象、不具体"的,所以我们把 they 翻译为"这两点"就可以了。

5. characterize 这个单词的意思是"让……有特点",但是在翻译时如果这样生搬硬套,句子就会晦涩难懂且不通顺。在这里我们用<u>意译</u>的方法来解决这个问题。

> 据统计,中英文里只有38%的单词完全对应,而剩下的单词在翻译的时候该怎么处理呢?我们一般选择意译的方法。但是意译不等于胡译和乱译,而是要根据句子本身的含义选择恰当的意思来表达。
>
> **e.g.** This island is characterized by the rice.
> 这个小岛盛产大米。
>
> 分析:is characterized by 这个词组原本的意思是"让……有特点",虽然在翻译的句子中并没有出现"特点"这个词,但是句子反而更加通顺,所以这样的意译是恰当的。

第三步:重读

正:有两点在修建英国运河网的过程中是非常突出的,而这两点也正是整个产业革命的特点。(此版本来源于庄绎传编著的《英汉翻译教程》参考译文。)

这一版本的译文句式结构平稳,用词准确,符合中文的表达法,这样的译文才是质量较高的译文。

The canals were arteries of communications: they were not made to carry pleasure boats, but barges.(本句选自庄绎传编著的《英汉翻译教程》。)

误：运河是交流的动脉：他们不是被用来搬娱乐的船的，而是驳船的。

分析

例句3的翻译重点包括一个代词的翻译，一个被动语态的翻译，另外还需注意几个专业名词的译法。如果像上面的译文那样翻译，那么任何人都不能明白其中的意思，也就达不到翻译的效果。

第一步：断句

The canals were arteries of communications: /they were not made to carry pleasure boats, /but barges.

断句之后的分析：冒号前面的句子是主系表结构，后面有一个被动语态的句子。此句结构比较简单，但是要注意 communications，pleasure boats 和 barges 这几个单词的意思。

第二步和第三步：翻译和重读

正：运河是交通[1]的动脉，开凿运河[2]不是为了走游船，而是为了通行驳船[3, 4]。（此版本来源于庄绎传编著的《英汉翻译教程》参考译文。）

1. communications 的原意是"交通"，而不是"交流"，在这里用"交通"更加合适。

2. they 在这里指的是 the canals，但是我们并没有翻译为"运河"，因为要考虑到后面的被动语态该怎么翻译。所以，我们把这个代词和动词 made 翻译为"开凿运河"。

3. pleasure boats 和 barges 分别翻译为"游船"和"驳船"。

4. 后面这句话的被动语态因为有了前面对 they 的处理，所以我们用了"<u>有被不用被</u>"的译法来完成翻译。

例句3较短，所以我们把第二步和第三步放在一起处理。在翻译时我们要注意代词和被动语态的译法。

例句4 James Brindley was a pioneer in the building of canals or, as it was then called "navigation".（本句选自庄绎传编著的《英汉翻译教程》。）

误：詹姆斯·布林德雷是运河修建中的先驱，后来据称叫"航海"。

分析

例句 4 的句式结构非常简单，翻译的难点是后面的代词 it，而且还要注意带有引号的 navigation 的译法。

第一步：断句

James Brindley was a pioneer/in the building of canals or, /as it was then called "navigation".

断句之后的分析：本句是一个主从复合句，后面是以 as 引导的时间状语从句。翻译时要注意 the building of 中 building 的翻译；it was then called 的结构在前面也曾经讲过，翻译时也要注意。

第二步和第三步：翻译和重读

正：詹姆斯·布林德雷[1]是开凿运河[2]的先驱者，人们当时把开凿运河[3]叫作"navigation"[4]。（此版本来源于庄绎传编著的《英汉翻译教程》参考译文。）

1. James Brindley 在翻译成中文的时候要注意在两个名词之间加上"·"这个符号，用于断开西方国家人物的姓和名。

2. the building of 中的 building 在 the 和 of 之间，我们可以认为 building 这个单词是<u>抽象名词</u>，又因为这个单词<u>有动词词根</u>，所以可以直接将 building <u>翻译为动词</u>"修建"。

3. it was then called 和前面所说过的 it is said 的用法是一样的，都是被动语态，所以在翻译时不能翻译为"据称"，而是要把这个结构变成主动结构，翻译为"人们当时把……叫作……"。

4. 这一版本的译文中 navigation 这个单词的翻译看起来很奇怪，并没有直接翻译为"航海"，而是直接把这个单词抄下来，没有翻译为中文。这是为什么呢？其实，这是一种很特殊的译法。我们把 navigation 这样的词语称为"<u>中间语言</u>"，这样的词语是完全可以不翻译的。

> 在翻译过程中,我们把需要翻译的文字称为"原文"(source language),把翻译出来的文字称为"译文"(target language)。但是有的时候,我们在表述一句话的过程中,不仅有这两种文字,还出现了"第三种语言",也称为"中间语言"。在翻译中,这样的文字通常不翻译。
>
> **e.g.** We refer to libro as books in Spanish.
>
> 我们把西班牙语中的"libro"称为"书"。
>
> 分析:这句话原本是由英文(source language)翻译为中文(target language)的,但是在译文中还有一个西班牙语的单词libro,我们可以认为这个单词就是"第三种语言"或是"中间语言",这样的单词我们就不翻译了,直接抄下来就好。

根据以上的分析,例句4中的navigation实际上也属于这种情况,是"中间语言"。虽然这个单词不是其他语言,但是我们在理解的时候用了它以前的一个意思"开凿运河",所以在翻译时就不能翻译为"……当时人们把开凿运河叫作开凿运河",而是将navigation这个单词直接抄下来,不翻译。这也是"中间语言"的一种。

三、长难句中代词的翻译

上面几个句子都比较简单,下面我们再来分析几个长难句。

例句 5

If parents were prepared for this adolescent reaction, and realized that it was a sign that the child was growing up and developing valuable powers of observation and independent judgment, they would not be so hurt, and therefore would not drive the child into opposition by resenting and resisting it.(本句选自GRE真题。)

误:如果父母们被准备这种年轻人的反应,并且意识到,这是一种孩子正在成长,正在发展珍贵的观察能力和独立判断力的信号,他们就不会感到如此伤心,所以也就不会由于憎恨和反对它而驱使孩子到对立面去了。

分析

  这个例句总体上来说比较长，但是结构明确，句中没有多少专业名词，有被动语态，有同位语从句，翻译时会涉及代词的翻译。读了上面版本的译文，我们虽然明白了其中的一些意思，但是这个句子并不通顺，这成为整个句子的致命伤。忠实于原文固然重要，但是与此同时，我们还要注意让句子更加通顺和流畅。

  第一步：断句

If parents were prepared for this adolescent reaction, /and realized that/ it was a sign that/ the child was growing up/ and developing valuable powers of observation and independent judgment, /they would not be so hurt, /and therefore would not drive the child into opposition/ by resenting and resisting it.

  断句之后的分析：本句由一个条件状语从句和主句构成。条件状语从句中有被动语态和一个宾语从句，宾语从句中还有一个主语从句，主句中包含一个主系表结构和一个谓语+宾语的结构。

  第二步：翻译

  做父母的[1]如果对这种青少年的反应有所准备[2]，而且认为这[3]是一个标志，标志着孩子正在成长，正在培养珍贵的观察力和独立的判断力，那么[4]父母们就不会感到如此伤心，所以也就不会有愤恨和反对的情绪[5]而把孩子推到对立面上去。

  1. 把"做父母的"放在句首，符合中文<u>先出主语</u>的习惯。

  2. parents were prepared for this adolescent reaction 这句话中有被动语态，我们可以用"<u>有被不用被</u>"的翻译方法，翻译出来就是"做父母的如果对这种青少年的反应有所准备"。

  3. it 是主语从句的引导词，如果翻译为"它"就过于抽象；如果翻译为后面的整个句子，又过于具体。所以，我们找到了中文里可以代替一个句子的字"这"。

  4. <u>中文里关联词要双双出现</u>，所以"如果"和"那么"要同时存在。

  5. 句中的 resenting and resisting 这个词组比较难以理解，应该是指家长所持有的某种情绪或态度，直接翻译会不通顺，所以我们在这里增加了"<u>情绪</u>"一词。但是还存在的问题就是没翻译出 by 和 it 这两个单词，这个问题留到最后一步重读时解决。

第三步：重读

正：做父母的如果对这种青春期的反应有所准备，而且认为这是一个标志，标志着孩子正在成长，正在培养宝贵的观察力和独立的判断力，那么父母们就不会感到如此伤心，所以也就不会对此[1]产生了愤恨和反对的情绪而把孩子推到对立面上去。（此版本来源于GRE真题的官方参考译文。）

1. 句中的by resenting and resisting it是一个原因状语，这属于"<u>废话</u>"的一种，所以要提到前面翻译。但是，我们要弄清it指的是什么。如果实在弄不清楚的话，我们主张用"<u>模糊翻译</u>"，翻译为"此"即可。

例句5的结构明确，句中词汇简单，但是需要在细节上下功夫，比如先出主语，关联词双双出现，代词翻译的小技巧等。我们经常说"细节决定成败"，笔译就是一个"慢工出细活"的工作。

例句6

Insects would make it impossible for us to live in the world; they would devour all our crops and kill our flocks and herds, if it were not for the protection we get from insect-eating animals.（本句选自《新概念英语4》。）

误：昆虫让我们生存在世界上是不可能的，他们吞噬了我们的庄稼和杀死我们的一群群的动物，假如要是没有我们从以昆虫为食的动物所得到的保护了。

分析

这个例句6属于我们以前讲过的"长句，有较多逗号，无须断句"的句子类型，可是上面版本的译文并没有找到这几个分句之间的逻辑关系，而且也没有把代词和虚拟语气翻译正确，所以读者可能看不明白译文的意思。

第一步：断句

Insects would make it impossible for us to live in the world; /they would devour all our crops/ and kill our flocks and herds, /if it were not for the protection/ we get from insect-eating animals.

断句之后的分析：这个长句中，句与句之间有明确的逻辑关系，基本不用断句。但是我们要分析其中的前后关系，根据所说的内容可确定最后一个 if 条件状语从句最不重要，然后是 they 那一句，最后是主句。只要带着这样的思路去翻译，一定能够翻译出好句子。

第二步：翻译

假如没有那些以昆虫为食的动物保护我们[1]，昆虫[2]将吞噬所有的庄稼，害死家禽家畜[3]，让我们不能生存于世[4]。

1. 这句话当中有 protection，这个单词很重要，因为它是一个抽象名词，而且这个单词有动词词根，所以我们翻译为动词"保护"。这样一来，这个定语从句也就变成了主谓结构。

2. they 在这里指的是前面的 insects，所以翻译为"昆虫"，而不是"他们"。

3. flocks and herds 指的是"一群群的动物"，在这里根据上下文来判断，它指的是"家禽、家畜"。

4. 最后一句中的 it 指的是 to 引导的那个不定式，在翻译时，把不定式拿到前面来翻译，it 也就不需要翻译了。

第三步：重读

正：假如没有那些以昆虫为食的动物保护我们，昆虫将吞噬所有的庄稼，害死家禽家畜，让我们不能生存于世。（此版本来源于《新概念英语4》的官方参考译文。）

例句6的翻译难点在于分析句与句之间的关系，只要分析明白，再把其中的代词弄清楚，翻译起来并不是很困难。

四、总结今天的内容

在今天这一讲当中，我们重点学习了英文中代词的翻译方法，明确了中文善于用名词或省略，英文善于用代词的特点。其中，我们还学习了 the fact 引导的句子的译法、一个英文单词如果在中文里没有对应词该如何翻译、"中间语言"的翻译方法等。

练 习

一、请回答下列问题

1. 英文中代词的主要翻译方法有哪些？
2. 中英文在使用代词方面有什么区别？
3. the fact 引导的句子该如何翻译？
4. 英文单词如果在中文里没有对应词该如何翻译？
5. "中间语言"是什么？该如何翻译？

二、英译汉段落翻译

Speech by Former U.S. President Carter at Welcoming Banquet

29 June 1987

Ladies and gentlemen and all distinguished guests,

Permit me first to thank our Chinese hosts for your extraordinary arrangements and hospitality. My wife and I, as well as our entire party, are deeply grateful. In the short period of six days, we have gone a longer distance than the Long March. We have acquired a keen sense of the diversity, dynamism, and progress of China under your policies of your reform and opening to the outside world.

More than eight years have passed since Vice Premier Deng Xiaoping and I joined hands to establish full diplomatic relations between these two great nations. Our hope and vision was to forge a Sino-American relationship which would contribute to world peace and the welfare of our two peoples. I personally looked upon the forging of firm Sino-American ties as a historically significant experiment.

We faced the question in 1978, as to some extent we still do today: Can two nations as different as ours—yours one of the oldest civilization on earth, mine one of the youngest; yours a socialist state and mine committed to capitalism; yours a developing country and mine a developed one—can two nations surmount and indeed draw upon these differences to build an unprecedented and distinctive relationship in world affair? If we are successful, in one great step our two nations will have been able to ease one of the greatest sources of tension in international affairs: that between the developed and developing worlds. We still have a long way to go, and it is still too early to conclude that our experiment will culminate in success, but certainly the results of the first ten years are promising. Sino-American ties have become extensive, affecting all aspects of our national lives: commerce, culture, education, scientific exchange, and our separate national security policies.

第六天

突破英文中形容词和副词的翻译

一、简单说说形容词、副词和翻译

形容词和副词是中英文里非常活跃的两个词类，因为它们的作用是修饰别的词。英文本身是<u>静态性语言</u>，所以用名词较多，形容词修饰名词的情况也很多。形容词和副词又是同源词（也就是同词根产生的不同单词），并且形容词和副词在英文中的作用相当重要。与此同时，一个形容词或副词放在一个句子的不同位置也会产生不同的效果。

> **e.g.** He lost nearly ten pounds.
> 他丢了差不多十英镑。
> He nearly lost ten pounds.
> 他差点丢了十英镑。

分析：第一个句子中的 nearly 放在了 lost 的后面，用来修饰 lost，翻译出来就表示这个人丢了钱，而且差不多丢了十英镑；而第二个句子则不同，nearly 放在了 lost 之前，不是用来修饰动词的，而是用来修饰全句的，翻译出来就表示这个人可能丢了钱，可能是十英镑。

从以上分析不难看出，nearly 这样一个单词放在不同的位置会对句子产生不同的影响。所以，副词的位置很灵活，这给翻译造成了一定的困难。

二、形容词和副词的翻译方法

由于形容词和副词的位置比较特殊，所以在这里我们先来看几个例句，然后再总结形容词和副词的翻译方法。

例句 1 When the reply came a few months later they were enrolled as full member, but Chu's membership was kept a secret from outsiders.（本句选自庄绎传编著的《英汉翻译教程》。）

误：回信几个月之后来了，他们都被录取为完全的成员，但是朱德的党籍一直对外界被保持着秘密。

分析

例句 1 是由 but 连接的并列句，但是我们要注意前面一个句子中有时间状语从句，而且每句当中都有被动语态。另外，上面版本的译文中 full 这个单词翻译得最不准确，"完全"不能代表 full 真正的意思，而且整个句子的意思也扭曲了。

第一步：断句

When the reply came a few months later/ they were enrolled as full member, /but Chu's membership was kept a secret/ from outsiders.

断句之后的分析：前面一个句子是一个短句，所以要用"剥洋葱"的方法来翻译，后面一个句子的被动语态需要进行适当的处理。

第二步和第三步：翻译和重读

正：过了几个月[1]，回信来了，两人都吸收为正式[2]党员[3]，但是朱德的党籍对外一直保密[4]。（此版本来源于庄绎传编著的《英汉翻译教程》参考译文。）

1. 短句用"剥洋葱"的方法来翻译，把不主要的成分拿到句首来翻译。a few months later 恰好是不主要的成分，放在句首翻译为"过了几个月"。

2. full 这个形容词的翻译方法是本句的重点。这个单词原本的意思是"完整的、完全的"，但是在这里如果用这两个意思显然很牵强，所以用它的延伸含义——"正式的"。full member 自然而然也就翻译为"正式党员"了。请看下面一个例句。

> **e.g.** More than eight years have passed since Vice Premier Deng Xiaoping and I joined hands to establish full diplomatic relations between these two great nations. （本句选自庄绎传编著的《英汉翻译教程》。）
> 自从邓小平副总理和我联手在我们两个伟大的国家之间建立了正式的外交关系以来，已经过去八年多了。（此版本来源于庄绎传编著的《英汉翻译教程》参考译文。）

分析：full diplomatic relations 在这句话当中的翻译也是一个要点。在这里，我们同样采用了"正式的"意思，而不是"完整的、完全的"。

由此可见，在翻译形容词时，有时<u>不用其原本的意思</u>，而<u>用其延伸含义</u>。

3. they were enrolled as full member 这句话是一个被动语态，我们采用了"<u>有被不用被</u>"的译法，翻译出来即"他们都吸收为正式党员"。

4. Chu's membership was kept a secret from outsiders 这句话是一个被动语态，我们采用了"<u>有被不用被</u>"的译法，翻译出来即"朱德的党籍一直对外保密"。

例句1相对较短，所以在翻译时我们把第二步和第三步合并在一起。这个句子的翻译涉及被动语态的翻译、形容词的翻译和短句的翻译，特别是形容词的翻译，要注意选取恰当的意思来表达这个形容词的含义。

例句 2 I was like that ship before my education began, only I was without compass or sounding-line, and had no way of thinking how near the harbor was. （本句选自庄绎传编著的《英汉翻译教程》。）

误：我在我的教育开始之前就像那条船，只是我没有罗盘和声音的绳子，也不知道海港究竟有多近。

分析

在上面版本的译文中，第一句不通顺，第二句中"声音的绳子"让人读不懂，第三句中"海港究竟有多近"不符合中文的句式，所以可判定此译文是错误的，译文无法正确反映原句的真实意思。

第一步：断句

I was like that ship/before my education began, /only I was without compass or sounding-line, /and had no way of thinking/how near the harbor was.

断句之后的分析：这个例句是用 and 连接的三个并列句，且每个句子的结构都比较明确。只是有些单词的翻译要格外注意，如 sounding-line，how near the harbor was 指的是什么意思，这些都是难点。

第二步和第三步：翻译和重读

正：我在开始接受教育之前，就像一条船¹，只是没有罗盘，没有测深绳²，也不知道离海港有多远³。（此版本来源于庄绎传编著的《英汉翻译教程》参考译文。）

1. I was like that ship before my education began 这个句子翻译得很经典。句中 I 是主语，before 后面是一个时间状语。按照中文里<u>先出主语</u>的原则，翻译为"我在我的教育开始之前就像一条船"是没有错的，但是这样的翻译并不通顺，因为这不符合中文的语法习惯。

英文善于用物体或没有生命的物体做主语，称为无灵主语句，而中文则善于用人或人的身体器官或有生命的物体做主语，称为有灵主语句。

 A flicker of disappointment and depression passed over Clyde's face.
（本句选自庄绎传编著的《英汉翻译教程》。）

克莱德的脸上划过了一丝失望和绝望。（此版本来源于庄绎传编著的《英汉翻译教程》参考译文。）

分析：这个句子原本的主语是 a flicker of disappointment and depression，这是一个名词词组，宾语是 Clyde's face。这个句子原本可以翻译为"一丝失望和绝望划过了克莱德的脸"。但是，由于中文不善于用物做主语，所以在翻译时要尽量避免，这样一来，就把宾语 Clyde's face 变成了主语，而把主语 a flicker of disappointment and depression 变成了宾语。

由此可见，在我们进行汉译英或英文写作的时候应该多用物来做主语，而不是用人或人的身体的一部分，特别是用 I 来做主语。

第六天 突破英文中形容词和副词的翻译

根据以上分析，I was like that ship before my education began 也属于这种应该换主语的情况，所以翻译为"我在开始接受教育之前"。

2. sounding-line 这个单词的意思是"测深绳"，这是一个专业名词，翻译时需要借助字典才能知道。

3. how near the harbor was 中的 near 的翻译很有趣，原本 near 这个形容词是"近"的意思，但是我们翻译成了"远"，刚好相反，这是为什么呢？这又是形容词的一种翻译方法。

我们通常把"长短""远近""高矮""胖瘦"这些反义词都叫作"范畴词"（我们会在下一讲中详细地解释这个概念）。中文里一般用"大"的范畴词，不用"小"的范畴词；而英文里则是根据实际情况，该"大"的时候就用"大"，该"小"的时候就用"小"。

通常来说，在中文里，我们要问东西的长度时会问"这有多长啊？"即使这个东西很短，也要问"这有多长啊？"一般不会问"这有多短啊？"但是在英文里却要符合实际情况，可以翻译为 How long is it？或者 How short is it？

所以我们把 how near the harbor was 翻译为"海港有多远"，因为"远"和"近"是一对范畴词，中文里一般用"大"的范畴词。

总结例句 2 的翻译过程，总的来说并没有什么难点，但是要注意一些细节的问题，还要注意形容词的恰当译法。

例如 3 When I finally succeeded in making the letters correctly, I was flushed with childish pleasure and pride.（本句选自庄绎传编著的《英汉翻译教程》。）

误：当我最后成功地写对了这几个字母时，我脸红着带着天真的高兴和骄傲。

分析

例句 3 是一个主从复合句，其结构很清晰，但是上面版本的译文却漏洞百出。"脸红着带着天真的高兴和骄傲"是什么意思呢？译文并没有将原句的意思表达清楚。

第一步：断句

When I finally succeeded in making the letters correctly, /I was flushed/with childish pleasure and pride.

断句之后的分析：这个主从复合句的前半部分是一个时间状语从句，在这里要注意 when 的翻译方法，另外，对主句中 was flushed 的理解非常重要。

第二步和第三步：翻译和重读

正：我终于把这几个字母写对了[1]，这时[2]我天真地感到[3]无限愉快和骄傲[4]。（此版本来源于庄绎传编著的《英汉翻译教程》参考译文。）

1. 原句中 succeeded 和 correctly 这两个单词意思有所重复，所以在翻译的时候，我们只翻译一次就可以。

2. 翻译时不要急于将 when 翻译出来，而是把 when 放在后面，翻译为"这时"。这是一种很巧妙的处理办法。

3. was flushed 除了可以表示"脸红"以外，还可以表示"感到……"。

4. childish 在文中并没有翻译为形容词，而是处理为副词"天真地"，同时 pleasure and pride 也变成了形容词"高兴的和骄傲的"。这就是我们所知道的翻译中的"词性转换"，这是由于形容词和副词具有同一个词根，在翻译时我们可以将两者相互转换，在句子当中自由使用。这也就是形容词和副词的第二种翻译方法——"相互转换"。

例句 4　In the days that followed I learned to spell in this uncomprehending way a great many words, among them...（本句选自庄绎传编著的《英汉翻译教程》。）

误：在以后的几天里，我就学着用不能理解的方式来拼写了许多单词，其中一些是……

分析

读了以上译文，我们大概懂了这个句子的意思，但是译文中的句子不很通顺，并且不符合逻辑，其实就是由于在翻译过程中没有使用恰当的方法来处理原文的一些单词。

第六天　突破英文中形容词和副词的翻译

第一步：断句

In the days that followed/I learned to spell/in this uncomprehending way/a great many words, /among them...

断句之后的分析：这是一个简单句，主谓清晰，结构明确，单词简单易懂。但是短语 in this uncomprehending way 让人疑惑，实际上本句翻译的重点也就在这个短语上。

第二步和第三步：翻译和重读

正：在接下来的几天里[1]，我就学着拼写，虽然并不能理解[2]，但是却也能拼写出来很多单词，其中一些是……（此版本来源于庄绎传编著的《英汉翻译教程》参考译文。）

1. in the days that followed 这个时间状语我们都能看明白什么意思，但是要注意其中的写法。我们在表达"在接下来的几天里"时，通常都会写成 in the following days，但是作者用的是 followed 这个过去分词作定语。我们在平时的翻译和写作中也要学会这种方法。

2. in this uncomprehending way 这个短语的翻译很关键。整个句子中最难理解的就是这个词组，如果放在句子中间翻译可能会产生歧义，所以我们把这个状语拿出来单独翻译为"虽然并不能理解"。这就是我们通常所说的"长的形容词和副词（短语）单独翻译为一个短句"的译法，也是形容词和副词的第三种译法。请看下面的两个例句。

e.g. Gradually the river grows wider, the banks recede, the waters flow more quietly, in the end, without any visible break, they become merged in the sea, and painlessly lose their individual being.（本句选自《新概念英语4》。）
后来，河面渐宽，河岸退却，水流得更加平静，最后，它们都流向了大海，与海水浑然一体，看不出任何痕迹，从而失去了单独存在的意义，而毫无痛苦之感。（此版本来源于《新概念英语4》的官方参考译文。）

分析：我们要注意句中 painlessly 这个单词，因为其属于长单词，而且直译很困难，所以我们把这个单词拿出来单独翻译为一个句子，即"毫无痛苦之感"。

e.g. He tried to piece the broken vase together in vain.
（本句选自庄绎传编著的《英汉翻译教程》。）

他试着要把破碎的花瓶拼在一起,但是怎么拼也拼不起来了。(此版本来源于庄绎传编著的《英汉翻译教程》参考译文。)

分析:我们要注意句中 in vain 这个状语的翻译,因为直译为"徒劳地"很牵强,而把这个短语拿出来单独翻译为一个句子很合适,即"但是怎么拼也拼不起来了"。

由以上这几个句子的翻译可以看出,形容词和副词翻译变化较大,总体上来说可以总结为三种情况:第一种是用形容词和副词的延伸含义;第二种是形容词和副词两种词性相互转换;第三种就是长的形容词和副词单独翻译为一个短句。

三、形容词修饰名词时的翻译

有时,形容词和副词的位置会给英译汉带来了很大的困难。其中,形容词修饰名词时的排序问题就是翻译中的一大难点。

e.g. Europeans believe that they are moving beyond power into a self-contained world of laws and rules and transnational negotiation and cooperation.
(本句选自王大伟、韩忠华主编的《英语笔译实务·三级》中《欧美分歧》一文。)

欧洲人认为,他们正在超越权力,进入了一个相当完备的法制、跨国谈判和合作的世界。(此版本来源于王大伟、韩忠华主编的《英语笔译实务·三级》参考译文。)

分析:对于句中的 self-contained,我们在翻译时究竟是把它放在"世界"的前面翻译呢,还是放在"法制、跨国谈判和合作"的前面翻译呢?通过译文我们已经看出来了,但是为什么这么翻译呢?

让我们再来看几个简单的例子。

e.g. a common view of the world
翻译为"相同的世界观"还是"世界的相同观"呢?

e.g. the all-important question of power
翻译为"至关重要的权力的问题"还是"权力的至关重要的问题"呢?

实际上,在形容词和名词同时修饰名词时,或者更复杂的情况即多个形容词和名词同时修饰一个名词的时候应当怎样排序呢?根据笔者多年的翻译经验,首先要处理好以下几个问题。

（1）形容词修饰名词重要，还是名词修饰名词重要？

答案是：名词重要。

（2）前置定语重要，还是后置定语重要？

答案是：前置定语重要。

（3）靠近中心词的定语重要，还是远离中心词的定语重要？

答案是：靠近中心词的定语重要。

根据以上三个问题的答案，我们可以得出以下结论。

中文定语的排序情况是：后置形容词+前置形容词+后置名词+前置名词+中心词

英文定语的排序情况是：前置形容词+前置名词+中心词+后置名词+后置形容词

这个排序问题非常复杂，上面这两个排序公式可以用来解释大部分的情况。前面两个例子也就可以得到解答。

a common view of the world

翻译为：相同的世界观。

分析：common 是前置形容词定语，the world 是后置名词定语，在翻译时中文的排序是前置形容词定语在后置名词定语的前面。所以，就翻译为"相同的世界观"。

the all-important question of power

翻译为：至关重要的权力的问题。

分析：all-important 是前置形容词定语，power 是后置名词定语，在翻译时中文的排序是前置形容词定语在后置名词定语的前面。所以，就翻译为"至关重要的权力的问题"。

再用上面的排序公式来解释一下开始时的例句。

e.g. Europeans believe that they are moving beyond power into a self-contained world of laws and rules and transnational negotiation and cooperation.

欧洲人认为，他们正在超越权力，进入了一个相当完备的法制、跨国谈判和合作的世界。

分析：self-contained 是前置形容词定语，laws and rules and transnational negotiation and cooperation 是后置名词定语，在翻译时中文的排序是前置形容词定语在后置名词定语的前面。所以，原句就翻译为以上的版本。

由此可见，英文中名词可以做定语，形容词也可以做定语，这样一来它们的位置就会比较混乱，只要掌握了前面所讲的两个排序公式，那么大部分的形容词和名词的排序问题就能解决了。这个问题说起来确实有点复杂，但是在掌握了这个方法之后，我们就能解决很多难以解决的问题。

四、总结今天的内容

在今天这一讲当中，我们主要讲了形容词和副词的翻译方法，还讲了中英文主语的特点、中英文中范畴词的翻译方法等，最后我们还讲了形容词和名词同时修饰名词时的顺序及翻译问题，这是一个重点，也是一个难点，需要我们在学习过程中认真理解和体会，要好好地弄明白书中的几个例子。

五、总结英译汉和断句

在前六天的讲解中，我们讲到了英译汉的一些问题。相对而言，英译汉比汉译英要简单一些。在刚开始学笔译时要多练习英译汉，适量练习汉译英，从明天开始我们逐步过渡到汉译英，这也是相当难的！

现在和同学们一起回忆一下英译汉的主要步骤：首先断句，其次翻译，最后重读。我们一起再根据这样的原则来分析和翻译下面的例句。

例句 5

Taking his cue from Ibsen's *A Doll's House*, in which the heroine, Nora, leaves home because she resents her husband's treating her like a child, the writer Lu Xun warned that Nora would need money to support herself; she must have economic rights to survive.（本句选自考研英语阅读。）

误：从易卜生的《玩偶之家》一书中得到启示，在那里，女主人公娜拉离家出走，是因为她憎恨她的丈夫对待她像对待小孩一样，作家鲁迅警告，娜拉要有钱才能养活自己，要有经济权利才能生存。

分析

例句 5 以现在分词开头，而以上版本的译文没有"找主语"，所以存在错误。翻译非限定性定语从句要用后置译法，且要翻译关系词，但是译文也没有翻译出来，所以也存在错误。原句中代词较多，译文中也没有翻译清楚。

第一步：断句

Taking his cue from Ibsen's *A Doll's House*, /in which the heroine, /Nora, /leaves home/because she resents her husband's treating her like a child, /the writer Lu Xun warned that/Nora would need money to support herself; /she must have economic rights to survive.

断句之后的分析：这个句子基本按照逗号断开就可以，这属于"长句，有大量逗号"类型的句子。所以，我们要找到其中的逻辑关系，先翻译次要的，再翻译主要的。

第二步：翻译

在易卜生的《玩偶之家》一书中[1]，女主人公娜拉离家出走，是因为她憎恨她的丈夫对待她像对待小孩一样，作家鲁迅从中得到启示[2]，并警告说，娜拉要有钱才能养活自己，要有经济权利才能生存。

1. 整个句子的逻辑关系就是一个现在分词做状语，后面接一个定语从句，最后是一个主句。所以，最不重要的是定语从句，应采用定语从句的句首译法来翻译。把 which 翻译为"易卜生的《玩偶之家》"。

2. 翻译完定语从句之后，再翻译现在分词。taking his cue 的主语是 Lu Xun，所以翻译为"作家鲁迅从中得到启示"。

第三步：重读

正：在易卜生的《玩偶之家》一书中，女主人公娜拉之所以离家出走，是因为[1]她憎恨自己的[2]丈夫对待她像对待小孩一样，作家鲁迅从中得到启示，并警告说，娜拉要有钱才能养活自己，要有经济权利才能生存。（此版本来源于考研英语阅读真题的官方参考译文。）

1. 中文里的关联词要双双出现，所以"之所以……是因为……"要同时使用。

2. 这里有三个代词 she，her 和 her 不能都翻译为"她"。中间的 her 翻译为"自己的"。

总的来说，英译汉时都要按照先断句（如何断句，在哪里断，笔者在视频中已经讲得非常清楚），再翻译，最后重读的步骤来进行。每一步骤中，我们要斟酌每个单词的翻译，然后反复重读译文，让译文更加符合中文的语法习惯。

英译汉时究竟在哪里断句比较合适？这是我们从第一天学习英译汉时就提出的问题，在学习了这么多句子之后，同学们多少有了一些体会，也基本知道应该在哪里断句了。实际上，断句是一个很简单的问题。根据笔者的经验，一般断句要遵循以下原则：

（1）在原有标点处要断句；
（2）在从句处要断句；
（3）在非谓语动词处要断句；
（4）在介词短语处要断句；
（5）主语过长要断句，而且要单独翻译。

以上断句的顺序是按照主要和次要的先后顺序来判断的，希望同学们牢记在心，每遇到一个英译汉的句子时都要认真断句，然后再分析翻译。

练 习

一、请回答下列问题

1. 英文中形容词和副词的翻译方法主要有哪些？
2. 中英文主语的特点是什么？
3. 英文中形容词和名词做定语的顺序是什么？如何进行翻译？

二、英译汉段落翻译

Tombs and temples of ancient Egypt follow the Nile well into Sudan. Driving southward from Cairo into the valley, I entered a landscape that owed little to the present era. For the next one thousand eight hundred miles the thin blue ribbon of the Nile, flowing slowly north, unwound over brown soil and green fields, some only a few yards wide, others as broad as an Iowa cornfield. At the edge of the fields, rising in dramatic hills or stretching flat to the horizon, lay the brown barren deserts.

I had the illusion that I was driving through one immensely long, narrow farm. The villages and towns were usually perched on the edge, so as not to waste arable soil and because there was a need, before the High Dam tamed the Nile, to live beyond the reach of the annual floods. The road followed the course of the Nile, now passing through the fields, now drawing a black line separating them from the desert.

At El Awamia, just south of Luxor, I watched farmers harvest sugarcane. A village elder, Amin Ibrahim, invited me into his house and gave me a cheerier view of the effects of the Aswan High Dam than I had heard before. "Before the dam we were obsessed with the flood—would it be too high or too low?" said Amin. "Like all the generations of my family back to the pharaohs, I used to plant my crops and never know if I would harvest. Now there is no fear; we know there will be water, and how much there will be. And we can get three crops a year instead of one. There is electricity in our houses and to run pumps, so we do not have to work the shaduf. We used to go to the house of a rich man to hear the radio. Now, since we grow crops all year, we buy our own radios and even televisions."

Judiciously, Amin conceded that there was another, less happy, side to the story: "The land is poorer, because the mud that used to come with the Nile flood has stopped. We must use fertilizers that cost a lot of money. Even so, the crops are less."

He led me through fields near his house. The ground was encrusted with salt. "The flood does not carry away the salt as before," Amin explained. The annual flood of the Nile used to deposit as much as 20 million tons of silt on the fields along the river. As the flood receded, the water draining through the soil leached out the salts and carried them off to the Mediterranean. It was a natural system of replenishment and cleansing.

Today this treasury of silt is trapped behind the dam, and there is no effective drainage system.

突破英汉互译中的增词与减词（一）

一、简单说说增词与减词

在前六天的学习中，我们主要讲了英译汉的方法，如何进行英译汉，以及进行英译汉时需要注意哪些问题。在接下来六天的学习中，我们主要学习汉译英的方法，如何进行汉译英，汉译英需要注意哪些问题。

今天我们主要学习英汉互译当中的增词与减词。这个问题是所有翻译类图书的重点，在本书中也不例外。这个问题也可以称为<u>规律三——增词与减词</u>，这个规律和前面提到的<u>抽象名词的译法</u>以及<u>谓语动词的过渡</u>同样重要。中英文有着巨大的差异，从演变的过程来看，我们就会知道两种语言的不同之处，所以在两种语言互译的过程中，我们要知道如何增减词。<u>一般来说，英译汉时，增词较多；汉译英时，减词较多。</u>

> **例如** 我们成功地处理了在前进中所遇到的这样或那样的困难和风险。
> （本句选自庄绎传编著的《英汉翻译教程》。）
> We have succeeded in solving various difficulties and risks in our advance.（此版本来源于庄绎传编著的《英汉翻译教程》参考译文。）
> 分析：原文里的"所遇到的"在译文中就没有了，这就属于汉译英的减词现象。

但是，在将这个英文句子翻译为中文时，就需要增加这个词。

二、增词与减词的种类

总体上来说，英汉互译时，增词和减词的种类是比较多的，而且情况极为复杂。作为一个初学者，我们主要需要掌握以下几种增减词的情况。

第一种：增减评论性词。（在文学翻译中比较常见，在非文学翻译中少见。）

例句 1 He wished that he had asked her to dance, and that he knew her name.（本句选自庄绎传编著的《英汉翻译教程》。）

误：*他希望他请她跳了舞，并且知道了她的名字。*

分析

例句 1 的背景是：三个兄弟中的老二第一次看见了苔丝，但是并没有和苔丝跳舞，后来就走了，走到山上的时候回头看见苔丝站在舞场的边上看着他，他有感而发说了这样一句话（选自长篇小说《德伯家的苔丝》）。我们了解了这样的背景之后，在翻译时就要注意把其中的语气翻译出来，而且要注意代词的翻译，不能直接翻译为"他"或"她"。根据这样的分析，我们可以看出上面的译文有很多问题。

第一步：断句

He wished that/ he had asked her to dance, /and that/ he knew her name.

断句之后的分析：这个句子结构简单，包括一个主句，后面有两个并列的宾语从句。但是本句中代词较多，翻译时需要注意。

第二步和第三步：翻译和重读

正：他多么希望¹自己²当时³请她跳了舞，现在还知道了她的芳名⁴，那该有多好啊⁵！（此版本来源于庄绎传编著的《英汉翻译教程》参考译文。）

1. wish 这个单词用在这里本身就表示一种虚拟语气。

2. 在翻译时，如果并不知道第三人称指的是谁，我们可以用"自己"来代替。

3. 要注意这个时态的处理，原文中的 had asked 是过去完成时，而中文里没有过去完成时这个用法，所以在翻译时，我们就把它翻译为一般过去时。更需要注意的是后面一个句子中的 knew，这是一般过去时，我们也就翻译为一般现在时了，即译文中的"现在还知道"，这个时态的翻译需要同学们深刻地理解。

4. her name 翻译为"她的芳名"比较合适，因为女孩的名字一般都叫作"芳名"。

5. "那该有多好啊"这个小句子就可以认为是增加出来的，其目的是为了表达出老二当时那种很后悔的心情，但是这样的增词一般都出现在文学作品中。对于初学翻译的我们来说，这都是些大师的作品，我们只是处于鉴赏的阶段，一般很少使用这样的增词。

总体来看，这个例句的翻译难度不大，但是需要我们注意代词和时态的翻译，还要注意文学作品中的增"评论性"语言。

> **例句 2** 我进去看了，只记得门警是瑞士兵士，穿着黄色的制服，别的没有印象了。（本句选自庄绎传编著的《英汉翻译教程》。）

误：I came into and have a look and I remembered that the gate guards were Swiss soldiers and wearing yellow uniforms. I have no other images.

分析

我们前面没有具体讲解过汉译英，现在来给同学们说说汉译英的主要步骤。汉译英的重点是词汇部分，所以我们先要把生词写出来，这一步我们称为"寻生词"。中英文的两大差异：一是长短的差异，中文善于用短句，英文善于用长句；二是动静差异，中文善于用动词，英文善于用名词。

根据以上中英文的差异，我们需要将中文里的动词处理清楚，将中文的短句变成英文的长句，这个过程分为两步，即"寻动词"和"寻连词"。

以上三步统称为"生动连"，这也就是汉译英的第一步——"分析生动连"。

第一步：分析生动连

先分析一下句式结构：这个例句前面一个小句子说的是"进去看"这件事情，这和后面的"看见了什么"并没有太多的联系，所以在这里可以分为两句。最后一个句子是本句的评论，属于文学翻译的一种，所以可以减词。还是那句经常说的话：文学作品增减词的方法我们一般用于欣赏，不作为学习的重点。

本书中每个例句的生词分析笔者都在配套视频课中进行了讲解，书中不再展示，本书只展示动词和连词的分析过程。

分析谓语动词：

我进去看了。

分析：这句话共有五个字，其中有三个动词，分别是"进""去"和"看"。首先不能把这三个字都翻译为动词，而是要判断哪一个更重要，这就涉及"<u>谓语动词的层次性</u>"。

"谓语动词的层次性"是汉译英的难点，因为中文是动态性语言，句子中的动词较多，而英文是静态性语言，名词、非谓语动词、从句和介词等较多，所以英文的一个句子只有一个谓语，而不是多个动词构成的谓语。由此看来，我们就要在纷繁复杂的动词当中判断出哪个动词最重要，哪个动词次要，哪个动词最不重要。

就拿"我进去看了"这个句子中的三个动词来看，"进"是最主要的动词，"看"是其次重要的动词，而"去"则是最不重要的动词。那么就把"进"翻译为谓语，"看"翻译为非谓语动词或是从句，而"去"则翻译为介词。如果还有更为不重要的动词，我们可以不翻译，直接省略，也就是减词了。

很多同学会问："为什么要这样判断动词的重要性呢？为什么"看"不是最重要的呢？"因为如果"看"最重要，那么请问："不'进'就能'看'了吗？"说实话，判断动词的重要性，也就是把动词进行分层，确实很难，在以后的学习中，我们会介绍很多种方法。首先教大家的一种方法就是——根据动词的先后顺序来判断哪个动词重要。

一般来说，先发生的动词更加重要，而后发生的动词不是那么重要。也就是说，我们可以把前面一个动词翻译为核心谓语，后面的翻译为非谓语动词。

再来看这样一个例子：

例如 一架飞机从昆明起飞载着我们飞越崇山峻岭来到了祖国的首都北京。（本句选自王大伟、韩忠华主编的《英语笔译实务·三级》中《西双版纳之行》一文。）

第七天　突破英汉互译中的增词与减词（一）

A plane from Kunming carried us over a lot of mountains to the Capital of China—Beijing.（此版本来源于王大伟、韩忠华主编的《英语笔译实务·三级》参考译文。）

分析：这个句子中有四个动词，分别是"起飞""载着""飞越"和"来到"。"载着"是最重要的核心谓语，其他都可以认为是介词，甚至在这里我们连非谓语动词都不要了，因为介词比非谓语动词更加的静态。确定"载着"是核心谓语，是因为我们考虑到这个句子的主语和宾语，主语是"一架飞机"，宾语是"我们"，目的状语是"来到了北京"。

以上我们讲的是判断动词层次的方法，即规律四"谓语动词的层次性"。

一般来说，我们把句子中最主要的动词作为句子的"核心谓语"，其次重要的是"非谓语动词或是从句"，再次重要的是"介词"，最不重要的就"不翻译"。

再回到刚才例句 2 当中的另外一个句子：

只记得门警是瑞士兵士，穿着黄色的制服。

分析：这个句子中有三个动词，分别是"记得""是"和"穿着"。根据以上判断谓语动词层次的要求，我们可判断出"记得"是核心谓语，"是"是从句，而且是宾语从句，而"穿着"是介词。判断方法还是根据句子中动词出现的先后顺序。"记得"是核心谓语，用来说明后面句子的内容，"是"是"记得"的内容，"穿着"是伴随状态。

第二步和第三步：翻译和重读

正：I came in to have a look.[1] I remembered that the guards at the gate were Swiss soldiers in yellow uniforms.[2]（此版本来源于庄绎传编著的《英汉翻译教程》参考译文。）

1. 分析完动词的层次之后，我们将核心动词"进"翻译为 came；其次重要的动词"看"翻译为 to have a look，这是一个非谓语动词；最不重要的动词"去"翻译为 in。

2. 分析完谓语动词的层次之后，我们将核心动词"记得"翻译为动词 remembered，其次重要的动词"是"翻译为宾语从句中的动词 were，最不重要的动词"穿着"翻译为介词 in。

总体来看，由于我们第一次接触汉译英，所以在这里我们讲了许多新的内容，其中"谓语动词的层次性"最重要，同学们需要认真把握。

第二种：增减范围词或对象词。

例句 3 The first day was crossed out, and the last thought which went through my mind at the end of this important day was: After all—I do not belong here; I am just loaned.（本句选自庄绎传编著的《英汉翻译教程》。）

误：第一天已经被划掉了，在这个重要的日子结束的时候，穿越于我的脑海最后的想法就是：毕竟我不属于这里，我是被贷款来的。

分析

首先从通顺程度来判断，我们就可以知道这个版本的译文存在很大的问题。其中，"穿越于我的脑海最后的想法""我是被贷款来的"让人读不懂是什么意思。所以我们可以认定，本句翻译错误，且不符合中文的要求。

第一步：断句

The first day was crossed out, /and the last thought/ which went through my mind/ at the end of this important day was: /After all — /I do not belong here; /I am just loaned.

断句之后的分析：例句3的背景是：女主角玛利亚到别人家去当保姆，她首先给自己做了一个日历，上面总共有250多天，每过一天就划去一天（选自小说《音乐之声》）。所以，在翻译第一句的时候需要增加一个单词来说明"第一天"是从什么地方划掉的。后面出现了一个定语从句，而且在冒号后面还有一个被动语态，我们在翻译的时候，要注意到这些问题。另外，我们还需注意断句的问题，以及在哪里使用逗号的问题。

第二步：翻译

第一天已经从日历上[1]划去了，在这个重要的日子即将结束的时候，我的脑海里浮现出来的想法就是[2]：毕竟，我不属于这里，我只是一个过客[3]。

1. 根据上面的分析，这里我们要增一个"范围词"，因为"第一天"是从"日历"上划去的。当然，我们在翻译的时候如果不知道前后文的话，也可以不增词。

2. the last thought which went through my mind 是用 the last thought 来做主语的，而中文善于用人或人的身体器官做主语，而英文善于用物来做主语，所以我们把这个句子翻译为"我的脑海里浮现出来的想法"。

3. I am just loaned 是一个被动语态，翻译为"过客"，感情色彩较浓，没有遵循原文原有的意思，所以还是不恰当，在第三步重读的时候再处理这个问题。

第三步：重读

正：第一天已经从日历上划去了，在这个重要的日子即将结束的时候，我的脑海里浮现出来的想法就是：毕竟，我不属于这里，我只是别人雇佣来的[1]。（此版本来源于庄绎传编著的《英汉翻译教程》参考译文。）

1. 将 I am just loaned 翻译为"别人雇佣来的"，没有任何感情色彩，而且非常恰当。

翻译例句 3 需要处理好被动语态的译法和定语从句的译法，还要特别注意增词的问题。

例句 4　我国先秦的思想家就提出了"亲仁善邻，国之宝也"的思想。（本句选自庄绎传编著的《英汉翻译教程》。）

误：Our China's thinkers in Pre-Qin Dynasty put forward the thought that QinRenShanLin, GuoZhiBaoYe.

分析

例句 4 主谓明确，不需要判断动词，但是句中词汇比较难，这是个大问题，"先秦"和后面的那句古文怎么翻译都是问题。上面版本的译文没有翻译出古文，而是把古文直接用汉语拼音表示出来，这是错误的。

第一步：分析生动连

我国先秦的思想家就提出了"亲仁善邻，国之宝也"的思想。

分析：本句不存在断句的问题，句中的"提出"就是核心谓语。

第二步：翻译

Our China's thinkers in Pre-Qin Days[1] over 2,000 years ago[2] put forward the thought that loving people and treating neighbors kindly are most valuable to a country[3].

1. "先秦"这个单词翻译为 Pre-Qin Dynasty 有一定的问题,因为中国在"秦"之前是没有朝代的,随意用 dynasty 显得不是很妥当,但是在这里用 days 来表示"时代"则是比较恰当的。

2. over 2,000 years ago 这个词组在这里属于增词。因为译者要把中文的内容翻译为英文,但西方人很少有人知道"先秦"是在什么时候,所以我们在这里增加一个范围词更为妥当。

3. 本句当中最难翻译的就是这句古文,<u>古文的翻译不能直接用中文拼音表示</u>,因为西方人不懂拼音。我们在这里要用<u>解释的方法来阐述这个短语</u>,"亲仁善邻,国之宝也"的意思是"热爱自己的人民和对待自己的邻居很好,这些对一个国家来说是非常珍贵的"。所以,我们把这句古文翻译为 loving people and treating neighbors kindly are most valuable to a country。

第三步:重读

正:Our Chinese thinkers in Pre-Qin Days over 2,000 years ago put forward the thought that loving people and treating neighbors kindly are most valuable to a country.
(此版本来源于庄绎传编著的《英汉翻译教程》参考译文。)

例句 4 主谓明确,动词突出。在翻译的时候需要注意增词、古文的翻译以及词汇的问题。

> **例句 5** 1998 年是联合国确定的国际海洋年,中国政府愿借此机会介绍中国海洋事业的发展。(本句选自庄绎传编著的《英汉翻译教程》。)

误:*1998 was defined as the International Ocean Year by the UN, Chinese Government will take this opportunity to introduce the development of China's marine affairs.*

分 析

以上版本译文的错误在于句与句之间没有合适的连接。谈到连接,我们在后面的学习中将重点和大家一起学习,但是这里要知道中英文的第三大差异——因为<u>中文是意合式语言</u>,不需要连词;而<u>英文是形合式语言</u>,句与句之间需要连词。在例句 5 当中,还有像"联合国"和"中国政府"之类的专有名词,这一版本的译文翻译的不正确。

第一步：分析生动连

1998年是联合国确定的国际海洋年，中国政府愿借此机会介绍中国海洋事业的发展。

分析谓语动词和连词：

例句中只有一个逗号，根据逗号前后两句之间的关系，可以用 and 来连接。第一句中有一个隐藏被动语态，即"是……确定的"；第二句中有三个动词，分别是"愿""借此"和"介绍"，根据前后关系，我们可以认为"愿"是核心动词，可以把这个单词当作"<u>谓语动词的过渡</u>"，不需要用强势动词"介绍"。

第二步和第三步：翻译和重读

正：1998 was designated[1] as the International Ocean Year by the United Nations[2], and[3] the Chinese government[4] would like to[5] take this opportunity to make an introduction of[6] the development of China's marine affairs to this world[7].（此版本来源于庄绎传编著的《英汉翻译教程》参考译文。）

1. "确定"这个单词有很多种译法，我们在这里可以用 designate，这个单词表示"指定"和"确定"。如"指定赞助商"就可以翻译为 designated sponsors。

2. "联合国"的正确译法是 the United Nations，笔译当中少用缩写，特别是在考试中。笔译中即使是专有名词，我们也建议用全称，而不是缩写。

3. and 这个单词的使用很重要，因为 and 显示了两个句子之间的连接，且表示并列关系。

4. "中国政府"的正确表达法是 the Chinese government，这三个单词一个都不能少，这也是最准确的表达法。

5. 用"愿"这个词来过渡是一个很明智的选择，因为它确实是一个弱势动词，我们常常用 wish to 和 would like to 来翻译。

6. 我们在这里没有把"介绍"直接翻译为 introduce，而是翻译为 make an introduction of，这也是一种"<u>谓语动词的过渡</u>"，用弱势动词 make 来过渡，把强势动词 introduce 变成抽象名词，但这种译法初学者几乎用不上！

7. to this world 属于增词，我们在做介绍的时候，面对的一般都是外国人或是世界各地的人，所以在这里增加 to this world 很恰当，这属于增对象词。

总体来说，这个例句的翻译难度不大，主要难点是两个主谓结构句子的合并。例句中两个句子的主谓很明确，翻译时我们要分清第一个句子中的"隐藏被动语态"和第二个句子中谓语动词的过渡及增对象词的问题。

第三种：增减范畴词。

说到范畴词，同学们一定会感到很陌生，但是这种词在我们的日常生活中却很常见，甚至说每时每刻我们都在使用。

例如 我有五百元钱。
I have five hundred yuan.

分析：这是一个十分简单的句子。我们要学会观察细节，因为笔译就是一个细活，需要我们观察每个单词的变化。原文中的"钱"字在译文中没有了，也可以说是省略了。其实"钱"在原文中就是一个范畴词。"钱"包括很多种，可能是"美元""日元"或"人民币"等，"钱"前面的"五百元"就是这个范畴当中的一个。所以，我们在翻译的时候，就把"钱"这个范畴词省略了，这也就是汉译英的减词。

范畴词会以不同的形式出现在中文里，而且种类繁多，很难判断。请注意看下面的例句。

例句6 中国有12亿多人口，陆地自然资源人均占有量低于世界平均水平。（本句选自庄绎传编著的《英汉翻译教程》。）

误：China's population is 1.2 billion, land natural resources per capita are lower than world average level.

分析

以上版本的译文没有句与句之间的连接，所以不通顺；对"中国有12亿多人口"中"有"的翻译也有错误；对"陆地自然资源人均占有量"的翻译属于顺序翻译，没有考虑英文的习惯，所以也出现翻译错误。

第一步：分析生动连

分析谓语动词和连词：这个句子是由两个小句子构成，主谓明确，所以两句之间应该用 and 来连接，以此来体现英文的形合。两个小句子的谓语也很明确，前面一个句子的谓语是"有"，后面一个句子的谓语是"低于"。

第二步和第三步：翻译和重读

正：China has a population of[1] more than 1.2 billion, and[2] its[3] land natural resources per capita are lower than world average[4].（此版本来源于庄绎传编著的《英汉翻译教程》参考译文。）

1. has a population of 是表达人口数量最准确的词组，比上一版本的翻译更加地道。

2. 为了体现两个句子之间的关系，可以用 and 来表示其并列的关系。

3. its 这个单词看上去很简单，但是体现了英文中使用代词的原则，<u>中文善于省略代词</u>，而<u>英文</u>在每个名词前还需要<u>有代词或是冠词</u>。在汉译英时，我们一定不要忘了代词的存在。

4. 原文中有"世界平均水平"，"水平"对应的就是一个范畴词，因为"水平"包括很多种，其中一种是"世界平均"的，而且 average 可以用来表示"平均水平"。这也是汉译英时的减词，将范畴词省略了。

总的来看，翻译这个句子时主要需注意两个分句之间的连接和范畴词的翻译。

三、总结今天的内容

今天我们第一次接触汉译英，我们讲了汉译英的主要步骤、汉译英的主要标准以及如何在纷繁复杂的动词中找到核心动词作为谓语。总之，汉译英比英译汉要难很多。很多人认为自己的中文功底较深，但其实我们对中文的认识并不深入。实际上我们中的很多人并没有系统学习过中文语法知识，对中文的句式特点了解并不深入或者有时只是按照自己的习惯想当然，对于一些句子也不能完全明白其意思。在这种情况下，希望同学们能遵循本书讲的一些中文语法规则，不要随意地按照自己的语言表达习惯来翻译。

今天我们还讲了关于增词和减词的问题，这是学习翻译的一个要点。在明天的讲解中，我们还将继续这个话题，把四种增词与减词的情况补充完整。

练 习

一、请回答下列问题

1. 中英文的三大差异是什么？你怎么理解意形差异？
2. 汉译英的步骤是什么？
3. 规律四——谓语动词的层次性指的是什么？
4. 英译汉时断句的标准是什么？
5. 如何翻译古文？翻译古文的基本思路是什么？

二、汉译英段落翻译

维护世界和平，促进共同发展，谋求合作共赢，是各国人民的共同愿望，也是不可抗拒的当今时代潮流。中国高举和平、发展、合作的旗帜，坚持走和平发展道路，与世界各国一道，共同致力于建设一个持久和平、共同繁荣的和谐世界。

中国与世界从未像今天这样紧密相连。中国政府把中国人民的根本利益与各国人民的共同利益结合起来，坚持奉行防御性的国防政策。中国的国防服从和服务于国家发展战略和安全战略，旨在维护国家安全统一，确保实现全面建设小康社会的宏伟目标。中国永远是维护世界和平、安全、稳定的坚定力量。

中国在经济不断发展的基础上推进国防和军队现代化，是适应世界新军事变革发展趋势、维护国家安全和发展利益的需要。中国不会与任何国家进行军备竞赛，不会对任何国家构成军事威胁。新世纪新阶段，中国把科学发展观作为国防和军队建设的重要指导方针，积极推进中国特色军事变革，努力实现国防和军队建设全面协调可持续发展。

第八天

突破英汉互译中的增词与减词（二）

一、继续说说增词与减词

在前一天的讲解中，我们说到了如何进行汉译英和英汉互译中增减词的问题，还说到了关于范畴词的增减问题。下面让我们继续看一些例句。

例句 1　Before 1760, it was standard to take work to villagers in their own homes. By 1820, it was standard to bring workers into a factory and have them overseen.（本句选自庄绎传编著的《英汉翻译教程》。）

误：1760年以前，标准是把活儿带回农民自己家里去做。到了1820年，标准是把工人带到工厂去，让他们被监督。

分析

上面版本的译文没有注意到句与句之间的连接，而且也没有弄明白两句话中的it分别指什么。上面版本译文中最大的错误在于对最后一句中的被动语态的处理，翻译时没有采用避免"被"的译法。

第一步：断句

Before 1760, / it was standard to take work to villagers / in their own homes. / By 1820, / it was standard to bring workers into a factory and / have them overseen.

断句之后的分析：例句中前后两个句子之间有一定的关系，所以在翻译的时候，我们可以适当地增一个连词来表示它们的关系。两个句子中的 it 分别指 to 后面的不定式，所以可以认为 it 是形式主语，在翻译时需要把不定式提前翻译。

第二步：翻译

1760 年以前，把活儿带回农民自己家里去做是标准方式[1, 2]，而[3]到了 1820 年，把工人带到工厂去，让他们在监督之下[4]工作是标准方式。

1. 首先要注意 standard 的翻译方法，这个单词本身的意思是"标准"，但是在翻译时只用"标准"不太通顺，所以在这个词后面增一个词"方式"比较合适，而"方式"也恰恰是一个范畴词。

2. 不定式 to take work to villagers in their own homes 实际上就是本句的主语，所以在翻译的时候可以将这个不定式放在句首，而不是句末。后面的句子也是同样的译法。

3. 这两个句子之间的关系可以认为是对照，所以用"而"这个连词最合适。

4. have them overseen 本身是一个被动语态，这里翻译时不用"被"这个字，而是用"让"来替代，这是被动语态的一种翻译方法。

第三步：重读

正：1760 年以前，标准方式是把活儿带回农民自己家里去做[1]，而到了 1820 年，标准方式是把工人带到工厂去，让他们在监督之下工作。（此版本来源于庄绎传编著的《英汉翻译教程》参考译文。）

1. 在重读这一步中，我们可以把语序再调整一下，因为把"把活儿带回农民自己家里去做"这句话放在句首会让主语显得过长，而谓语显得过短，调整后语序会更加通顺一些。

总的来说，这个例句的翻译难度不大，主要是需弄清楚如何增出一个范畴词以及句与句之间的关系，而不是简单生硬地翻译。

第八天　突破英汉互译中的增词与减词（二）

例句 2　目前，中国的粮食单产水平与世界粮食高产的国家相比还是比较低的，中国要在短时间内达到粮食高产国家的水平难度较大，但是经过努力是完全可以实现的。（本句选自庄绎传编著的《英汉翻译教程》。）

误：At present, the level of China's per unit area grain yield is lower than countries with high grain yield, and China will be difficult in the short period of time to reach the level of countries with high grain yield, but we can achieve through efforts.

分析

例句 2 中的分句较多，我们要分析它们之间的关系，而且要注意分句的连接。但是在上面版本的译文中，译者没有注意到范畴词，也没有注意到句与句之间的关系和专业名词的翻译，所以错误百出，并不是一个好译文。

第一步：分析生动连

这个例句中共有四个分句，前两个分句和后两个分句明显存在不同。前两个分句说的是中国的水平如何，后两个分句说的是中国要怎么做才合适。我们把前两个分句和后两个分句分成两句翻译是正确的，因为这句话中发生了两件事。

分析谓语动词：

第一句中有一个动词"相比"，但是这个单词应该是状语 compared with，而这个句子的谓语应该是"是"。第二句是一个并列句，前一个分句有两个动词，一个是"达到"，另一个是隐藏的："难度'是'较大的"，"是"是真正的谓语，因为这个分句中"难度较大"是评论，"中国要在短时间内达到粮食高产国家的水平"是事实，翻译为英文时应"先评论，再说事实"。后一个分句中只有一个动词，"是……可以实现的"，其结构是典型的"隐藏被动语态"；另外，这个分句没有主语，所以在翻译的时候我们要增加一个主语。

第二步：翻译

At present, compared with[1] countries with high grain yield, China's per unit area yield of grain is relatively low[2,3]. It will be difficult for China to reach the level of countries with high grain yield in the short period of time[4], but the goal can be achieved through earnest efforts[5].

1. "和……相比",这里用 compared with 很合适。

2. "中国的粮食单产水平"这个短语当中有一个范畴词"水平",我们在翻译的过程中可以省略不翻译,而且这个短语是一个专业性的词组,应该翻译为 China's per unit area yield of grain。

3. "比较低",我们在翻译时用了 relatively low 这个短语。首先,在 compared with 这个短语之后就不应该再用比较级了,而且 relatively 这个单词后面也不能用单词的比较级,而是要用形容词原级。

4. 这个句子的翻译遵循了英文<u>先评论后说事实</u>的原则。翻译时,要重点关注"粮食高产国家的水平"这个短语的翻译方法,我们可能认为这个短语中的"水平"也是范畴词,但如果不翻译的话,那么整个句子就没有宾语了。所以,虽然同是"水平",但在不同的情况下,我们要区别对待。这个句子比较难,在一句话当中出现了同样的词,但是出现了不同的译法,这比较少见,希望能够引起同学们足够的重视。

5. 这个句子本身没有主语,我们在翻译的时候又用了被动语态,所以要在这里增一个主语 the goal。

第三步:重读

正:At present, compared with countries with high grain yield, China's per unit area yield of grain is relatively low. It will be difficult for China to reach the level of countries with high grain yield in the short period of time, but the goal can be achieved through earnest efforts.(此版本来源于庄绎传编著的《英汉翻译教程》参考译文。)

这一版本的译文中,句子的结构平稳,句式符合英文要求,所以这是一段很好的译文。在翻译时,我们要明确句与句之间的关系,翻译专业性词汇时要准确,要注意每个单词的用法,而且还要能看出"<u>隐藏被动语态</u>"。

例句3 在播种面积相对稳定的前提下,只要 1996 年到 2010 年粮食单产年均递增 1%,2011 年到 2030 年年均递增 0.7%,就可以达到预期的粮食总产量目标。(本句选自庄绎传编著的《英汉翻译教程》。)

误:*Under the sowing area is relatively stable, if the average increase rate every year of per unit area yield of grain is 1% from 1996 to 2010 and the average increase* rate every year of per unit area yield of grain is 0.7% from 2011 to 2030, the predicted total output target of grain can be reached.

分析

阅读上面版本的译文，我们可以看出译者用的是"顺着译"的翻译方法，但是译文中的用词啰唆，没有体现出简洁的原则，而且不断重复说过的话；专业名词的翻译不准确，如"粮食单产"和"年均递增"等词组的翻译都存在一定的偏差。

第一步：分析生动连

我们要特别注意第一个状语的特点，"播种面积相对稳定的前提下"中的"前提"是一个范畴词，可以不用翻译，直接省略，这是一个增减范畴词的问题。第二句和第三句都是条件状语从句，在翻译时，我们可以把它们放在句末翻译，把最后一句放在条件状语前面翻译。最后一句没有主语，我们可以用"主动变被动"的方法来翻译。

分析谓语动词：

整个句子的主句是"就可以达到预期的粮食总产量目标"，"达到"是核心谓语。从句中的谓语是"递增"。

第二步：翻译

Given the relatively stable sown area[1], the predicted total output target of grain can be reached[2], if the annual average increase rate[3] of per unit area yield of grain is 1% from 1996 to 2010 and 0.7% from 2011 to 2030[4].

1. 首先，我们将范畴词"前提"省略了，将"在……下"用 given 表示（given 引了一个条件状语），然后，我们把后面的主谓结构"播种面积相对稳定"变成了偏正短语"相对稳定的播种面积"，即采用了"主谓结构的偏正译法"，属于"一个原则"。

2. 从"就可以达到预期的粮食总产量目标"中找到其主语就是"预期的粮食总产量目标"，所以翻译为 the predicted total output target of grain 非常合适。

3. "年均增长率"是一个非常实用的词组，同学们需要记下来，翻译为 the annual average increase rate。

4. 第二次出现的"年均递增"是完全可以省略不翻译的。

第三步：重读

正：Given the relatively stable sown area, the desired total output target of grain can be achieved[1], if the annual average increase rate of per unit area yield of grain is 1% from 1996 to 2010 and 0.7% from 2011 to 2030.（此版本来源于庄绎传编著的《英汉翻译教程》参考译文。）

1. 原句当中的"预期的"和"达到"用 desired 和 achieved 翻译更为准确和恰当。

本句不需要太多的分析，也不需要仔细地找主语，但是我们要准确地翻译出专有名词和一些被动语态。

在讲解完这些关于增减范畴词的经典句子之后，相信同学们对范畴词有了一定的了解。但是我们还是不知道到底哪些词在中文里是范畴词。笔者根据多年的经验总结出中文里七个经典的范畴词，它们分别是"水平""方式""方法""情况""问题""途径"和"方面"。实际上，中文里还有很多这样的词，这需要我们在长期的翻译实践中慢慢地总结。以上这些词也不一定就遵循"范畴词不翻译"，我们要根据不同的情况进行判断，然后再翻译。

第四种：增减动词。

我们把增减动词放在这部分内容最后的位置，足以看出这个译法的重要性。基本上在所有的翻译考试中都会涉及动词的增减问题。让我们一起来看看下面几个例子吧。

> **例句 4** Despite the great gains in industry, agriculture remained the nation's basic occupation.（本句选自庄绎传编著的《英汉翻译教程》。）

误：尽管工业巨大的成就，农业仍然是这个国家的基础职业。

分析

例句 4 是一个短句，但是上面版本的译文相当于没有翻译，因为它没有传达出原文的基本意思。而且，前面讲过的所有翻译规则在这版译文中没有体现出来，关联词没有双双出现，没有先出主语，句子并不通顺。这些都是上面版本译文出现的错误。

第一步：断句

Despite the great gains in industry, /agriculture remained the nation's basic occupation.

断句之后的分析：这个例句是一个主从复合句，前面是一个让步状语，后面是主句。让步状语尽管是一个短语，但是在翻译时，我们也可以处理为句子；后面主句中应该有关联词出现，另外还要注意 occupation 的翻译。

第二步：翻译

工业[1]尽管取得了巨大成就[2]，但是[3]农业仍然是这个国家的基础产业。

1. "工业"放在句首翻译，这体现了中文"先出主语"的原则。

2. the great gains 中的 gains 因为在冠词之后，介词之前，所以我们可以认为是"抽象名词"。抽象名词所造成的增动词，也就我们所讲的增动词中的一种。

3. 注意关联词双双出现。所以，"尽管……"和"但是……"要在一起使用。

第三步：重读

正：工业方面[1]尽管取得了巨大的成就，但是农业仍然是这个国家的基础产业。
（此版本来源于庄绎传编著的《英汉翻译教程》参考译文。）

1. 在 industry 这个单词后面增一个范畴词"方面"会让整个句子变得更加流畅和通顺。

例句4的结构十分简单，但是我们在翻译时需要注意细节问题，特别是抽象名词的增词和范畴词的增词。

> **例句5**
>
> Their galabias and turbans stained by the sweat and dirt of a long day's work, they sat in front of a wayside shop, enjoying three of the best things in life along the Nile—tea, conversation, and the water pipe.（本句选自庄绎传编著的《英汉翻译教程》。）

误：他们的袍子上和头巾上被一天的工作的汗水和尘土弄脏了，他们坐在路边商店的门口，享受着尼罗河沿岸人生中三件最美好的事情——茶、谈话和水管。

分析

上面版本的译文中出现了"被"字，不符合中文不常用"被"的习惯，而且句子也不通顺，最后三个单词的翻译让人感到莫名其妙，不知所云。"茶"和"水管"又有什么关系呢？所以，以上版本的译文确实不是很好。

第一步：断句

Their galabias and turbans stained/by the sweat and dirt of a long day's work, / they sat in front of a wayside shop, /enjoying three of the best things in life along the Nile—tea, / conversation, / and the water pipe.

断句之后的分析：这个例句的结构是一个句子＋一个分词的独立主格。我们在前面讲过分词独立主格的翻译方法，只需要按照中文的主谓结构翻译就可以。句子末尾的三个名词很有特点，显然是在说三件事，不能翻译为名词，而应该增词翻译为动词。

第二步：翻译

他们干了一天的活[1]，袍子上，头巾上，又是汗，又是土[2]，坐在路边商店的门口，享受着尼罗河沿岸人生中三件最美好的事情——喝茶、聊天和抽水烟[3]。

1. 这里我们可以认为 a long day's work 是一个抽象名词词组，它没有动词词根，所以增动词"干了"，但是"干了"是动词，缺少主语，在句首可以增主语"他们"。

2. 在这里我们用了意译的方法，没有直接翻译 stained，而是把它去掉，把整个句子翻译为对称结构。对称结构也称为"二二对应结构"，这是一种文学作品的高级翻译方法。

3. 在这三个名词前面分别增动词，使它们都变成了动宾短语。这也属于增词的一种情况。

e.g. He wears a coat, a hat and a scarf.

他穿着一件上衣，戴着一顶帽子，系着一个围脖。

分析：这个翻译就是典型的增动词。原句中只有一个动词 wears，但是翻译出来却有三个动词，这样的增动词，我们称之为"<u>自然增词法</u>"。也就是说，在宾语前缺少动词时，我们就按照中文的习惯进行增词。

回到例句5中,"三件最美好的事情"可以理解为三个动宾短语,分别是"喝茶、聊天和抽水烟"。另外,我们还要注意water pipe的翻译,应译为"水烟"。

第三步:重读

正:他们干了一天的活,袍子上,头巾上,又是汗,又是土,他们坐在路边商店的门口,享受着尼罗河沿岸人生中三件最美好的事情——喝茶、聊天和抽水烟。(此版本来源于庄绎传编著的《英汉翻译教程》参考译文。)

翻译例句5时要注意分词独立主格的特点,更要注意句子最后三个名词的翻译,关注"<u>自然增词法</u>"的使用。

例句6 For the international community the most striking consequence of these changes is that China has grown to be the world's eleventh largest economy, and is set to grow further.(本句选自庄绎传编著的《英汉翻译教程》。)

误:对于国际社区来说,这些变化最显著的结果就是中国已经成长为世界上第十一大经济,而且将来增长更快。

分析

例句6中有些专有名词,如the international community和economy。而上面版本的译文却没有将这些单词翻译正确。

第一步:断句

For the international community/the most striking consequence of these changes is that/China has grown to be the world's eleventh largest economy, /and is set to grow further.

断句之后的分析:例句6的前面是一个状语,后面是个主谓结构的句子,中间出现了一个表语从句,整个结构还是比较简单的。但是,如果直接翻译,就会造成错误,因为这句话中有一个抽象名词consequence,这个单词位于the和of中间,在翻译时要注意。

第二步：翻译

对于国际社会¹来说，这些变化所带来的最显著的结果²就是中国已经成为世界上第十一大经济体，而且以后定会³发展更快。

1. the international community 是一个固定词组，翻译为"国际社会"比较好。

2. 因为 the most striking consequence of these changes 这个短语中间的抽象名词 consequence 没有动词词根，我们在翻译的时候要注意增词，增加动词"带来"，即翻译为"这些变化所带来的最显著的结果"。

3. be set to 是固定词组，翻译为"以后定会……"比较好。

第三步：重读

正：对于国际社会来说，这些变化所带来的最显著的结果就是中国已经成为世界上第十一大经济体，而且以后定会发展更快。（此版本来源于庄绎传编著的《英汉翻译教程》参考译文。）

我们在翻译例句 6 的过程中，只需要注意专业名词的翻译和抽象名词的增词即可。

例句 7

The resounding success of the Curacao experiment whetted the appetites of Florida livestock raisers for a similar feat that would relieve them of the scourge of screw-worm. （本句选自庄绎传编著的《英汉翻译教程》。）

误：库拉索岛上的实验的巨大的成功引起了佛罗里达州牲畜养殖者的兴趣，用相似的办法来缓解螺旋锥蝇的祸害。

分析

例句 7 是典型的长难句，句中没有任何标点。以上版本的译文也基本没有标点，而且很不通顺，非但没有把需要注意的要点翻译出来，而且也没有翻译出句子的意思，让读者看完之后还是不能明白其中的意思，所以译文是错误的。

第一步：断句

The resounding success of the Curacao experiment/ whetted the appetites of Florida livestock raisers/ for a similar feat/ that would relieve them of the scourge of screw-worm.

断句之后的分析：例句 7 的主语过长，所以在主语和谓语的连接处断句，这样做是为了单独翻译主语。后面的谓语和宾语相对比较明确，但是中间有固定词组 whet the appetites of，在宾语的后面还有一个状语，状语的后面有一个定语从句，定语从句中有如 screw-worm 这样的专业名词。

第二步：翻译

库拉索岛上的实验取得了巨大的成功[1]，引起了佛罗里达州牲畜养殖者的兴趣[2]，他们[3]要用[4]相似的办法来消除螺旋锥蝇这一祸害[5]。

1. 在主语 the resounding success of the Curacao experiment 当中，出现了一个抽象名词 success，这个单词可以用增词的方法进行翻译，所以翻译为"库拉索岛上的实验取得了巨大的成功"。

2. whet the appetites of 这个短语的意思是"引起了某人的兴趣"。

3. 因为在 for 的前面断句，这里就没有主语了，所以在这里增一个主语也是未尝不可的。

4. 把 for 这个单词翻译为动词"要用"，用的正是<u>英文介词翻译为中文动词</u>的译法。

5. 在 that would relieve them of the scourge of screw-worm 当中有三个单词比较重要，relieve 表示"消除"，scourge 表示"祸害"或者"祸根"，而 screw-worm 在昆虫学里叫作"螺旋锥蝇"。这个句子是一个定语从句，根据句子的长短我们可以确定应该用<u>后置译法</u>进行翻译。

第三步：重读

正：库拉索岛上的实验取得了巨大的成功，这[1]引起了佛罗里达州牲畜养殖者的兴趣，他们要用相似的办法来消除螺旋锥蝇这一祸害。（此版本来源于庄绎传编著的《英汉翻译教程》参考译文。）

1. 在逗号的前面是主语，而<u>主语过长可以单独翻译</u>，但是在逗号之后直接用动词似乎有些唐突，所以我们在这里用了"这"来代替前面所有的句子。这正是<u>"本位词"和"外位语"的译法</u>。

例句 7 的翻译过程很经典，体现了很多种翻译方法，首先要注意的是一些专有名词的译法，而且还有抽象名词的增词，主语过长时的单独翻译，以及介词的译法和定语从句的译法。希望同学们能够认认真真地分析这个例句，弄懂其中所有的翻译方法。

　　增减动词是英汉互译的一个重要内容，从以上的讲解来看，主要包括两种：一种称为"自然增词法"，也就是宾语前缺少动词时，进行增词；另一种称为"人为增词法"，这是由抽象名词所造成的增词。

二、总结昨天和今天的内容

　　我们用了两天的时间给同学们讲解了增词与减词的问题，这两天的内容是英汉互译的重点。可以这样说，凡是学过笔译的同学没有不知道增词与减词的。各种翻译书籍也对这个问题进行了详细的阐述，但是，作为初学者来说，我们还是要掌握最基本的几种增词与减词的方法。在以后的翻译学习与实践中，通过一定的经验积累，我们还会知道更多的增词与减词方法。

　　总体上来说，我们给同学们讲到了四种增减词，分别是评论性词、范围词或对象词、范畴词和动词。这四大类增词与减词也是我们最常见的，所以希望同学们能多看例句、多做练习。

练　习

一、请回答下列问题

　　1. 英汉互译当中最基本的增词与减词有几种？它们分别是什么？
　　2. 英汉互译时增减评论性词一般用在什么文体当中？
　　3. 中文里范畴词是什么？中文里常见的范畴词有哪些？
　　4. 是不是见到范畴词就应该进行增减？还是要根据具体的情况来安排？
　　5. 英汉互译时增减动词包括几种情况？分别是什么？

二、汉译英段落翻译

作为一个国际商业中心，上海拥有繁忙的港口，亚洲最重要的证券交易所之一，以及世界500强都不能忽视的巨大市场。

上海已建成全国顶级的博物馆和歌剧院，还将举办2010年世界博览会，向人们展示其商业和文化中心的地位。在世博会153年的历史中，拥有1700万人口的上海将成为发展中国家的首个东道主。

预计在2010年5月至10月的世博会期间，参观人数将达到创纪录的7000万人次。世博会的主题为：城市，让生活更美好。上海希望通过举办世博会盈利的同时，能吸引资金流向其他服务业。从长远看，世博会将有利于城市改造并全面提升上海的国际形象。

上海计划为世博会投资30亿美元。为确保世博会举办期间交通顺畅，还将投入更多资金用于改造道路和地铁。

根据世博会规划，所有会展建筑将建在黄浦江两岸，包括众多高科技展厅和一个会议中心。上海市政府决心通过举办世博会，不断改善城市生活。世博会结束后，大部分场址将被改造成生活、办公和休闲设施。

突破中文里的动词和谓语部分

一、简单说说中英文的动词和谓语部分

在前面的学习中，我们已经知道中文是动态性语言，而英文是静态性语言，所以中文在使用动词方面比较"大方"，而英文则需要把这些动词翻译为其他形式。在英文的语法中更加重要的概念是：动词是谓语，谓语是动词，动词永远是谓语，而谓语永远是动词，所以英文是一种以谓语为核心的语言，这点是毫无疑问的。于是，汉译英的过程中我们一定要处理好动词的问题。

比如在"我十八岁了"这句话中，中文甚至没有谓语，但是英文则要翻译为 I am 18 years old，核心动词是系动词。

所以，汉译英时我们无论如何都不要忘记英文的核心谓语，在中文里找到合适的谓语动词做核心谓语才是汉译英时最需要做的事情。

二、继续来说说谓语动词层次性的问题

在前面的学习中，我们简单地给大家介绍了关于规律四——谓语动词层次性的问题，先来回顾一下：

一个句子中存在多个动词，如何处理呢？

最重要的动词处理为核心动词（谓语部分）——一谓语

其次重要的动词处理为非谓语动词、从句等（非谓语部分）——二谓语

再不重要的动词处理为介词（介词或介词短语）——三谓语

最不重要的动词处理为"不译"（这一点也是最难的）——四谓语

以上这样的处理在汉译英中也称为"分层"。

下面让我们再来学习一个例句吧：

例句 1　1984年由353人组成中国体育代表团参加了在洛杉矶举行的第23届奥运会。（本句选自王大伟、韩忠华主编的《英语笔译实务·三级》中《中国与奥林匹克运动》一文。）

误：In 1984, a China's sports team of 353 peoples took part in the 23rd Olympic Game in Los Angeles.

分析

上面版本的译文除了谓语动词出现了之外，其余几乎没有正确的地方。"中国体育代表团"等基础词汇的译法是错的，句中两个重要的动词"组成"和"举行"也没有翻译出来。

第一步：分析生动连

1984年由353人组成中国体育代表团参加了在洛杉矶举行的第23届奥运会。

分析谓语动词：

例句中有三个动词，第一个是"组成"，第二个是"参加"，第三个是"举行"，这个三个动词中谁是核心谓语呢？很显然，"参加"是核心谓语，是一谓语，其余两个是二谓语，可以翻译为分词结构，或是定语从句，甚至可以把这两个动词归为三谓语，翻译为介词也是可以的。因为例句中不存在多个分句，所以不需要考虑有关连词的问题。

第二步：翻译

In 1984, a Chinese sports delegation[1] which was composed of[2] 353 peoples participated in[3] the 23rd Olympic Games which was held[4] in Los Angeles.

1. 首先"中国体育代表团"应该翻译为 a Chinese sports delegation，而不是之前句子中的 team，而且更加重要的是，"中国体育代表团"的"中国"翻译为 Chinese 比 China's 更好，因为这里的"中国"通常指的是"中国人的"。

2. 这里"由……组成的"处理为二谓语定语从句非常合适。当然，处理为分词结构 composed of 也是可以的；若是处理为介词 of 也是可以的，但是就显得过于口语化，在口译中常常出现。

3. 例句的核心谓语是"参加"，翻译为一般过去时 participated in 比较好。

4. 这里的"在……举行的"处理为二谓语定语从句非常合适。当然，处理为分词结构 held in 也是可以的；若是处理为介词 in 也是可以的，但是显得过于口语化，在口译中常常出现。

第三步：重读

正：In 1984, a Chinese sports delegation composed of 353 members[1] participated in the 23rd Olympic Games held in Los Angeles.（此版本来源于王大伟、韩忠华主编的《英语笔译实务·三级》参考译文。）

1. 注意用词的准确性，这里的"人"指的不仅仅是"参赛的运动员"，除了这些"人"以外，还有裁判、教练等，所以翻译为 members 较为准确。

从例句 1 的翻译我们不难看出，处理中文里的动词非常重要。有一点我们要牢记，一个句子必然有一个核心谓语。所以，有时候有多少个二谓语或三谓语是无法判断的，但是核心谓语必须得有一个！

三、谓语动词层次性中的双动词结构

为什么要谈到双动词结构呢？我们首先来看一个例句：

> **例句 2**　第一次世界大战以后，帝国主义对中国加紧了侵略，北洋军阀政府对外妥协投降，对内残酷镇压人民。（本句选自庄绎传编著的《英汉翻译教程》。）

误：After the WWW I, the Imperialists countries invaded China rapidly, Beiyang Warlord Government compromised and surrendered to them, suppress the inside people cruelly.

上面版本的译文错误百出："加紧侵略"的核心动词翻译错误；后面句与句之间没有连接；"对内"和"对外"两个词翻译的不一致，而且更加重要的是，"对内"和"对外"这两个有前后关系的句子之间也没有用连词。

第一步：分析生动连

第一次世界大战以后，帝国主义对中国加紧了侵略，北洋军阀政府对外妥协投降，对内残酷镇压人民。

分析谓语动词：

例句2的第一句"第一次世界大战以后"是时间状语，没有动词。第二句"帝国主义对中国加紧了侵略"中的核心谓语是"加紧侵略"，我们在讲解谓语动词过渡的时候曾经讲过汉译英时"副词＋动词"的译法，所以这句的核心动词是"加紧（做某事）"。第三句"北洋军阀政府对外妥协投降，对内残酷镇压人民"的核心谓语是"妥协投降"和"镇压"，这两组动词属于典型的双动词结构。事实上，"帝国主义"和"北洋军阀政府"这句也是双动词结构，对于这点同学们是否能够明白呢？

> 双动词结构的译法：
>
> 如"我坐在那里看书。"这个句子中有两个动词，一个是"坐"，另一个是"看"，那么如何翻译呢？
>
> 双动词结构的三种译法示例如下。
>
> 第一种是并列，就是将两个动词用并列连词连接，都翻译为核心谓语即一谓语，但是注意两个动词之间不一定是"并列"关系，上面的句子译为：I sat there and read a book.
>
> 第二种是伴随，就是将第一个动词翻译为核心谓语，将第二个动词翻译为二谓语，分词、从句、同位语等都可以，上面的句子译为：I sat there reading a book.

> 第三种是下沉，就是将第一个动词翻译为二谓语，分词、从句、同位语等，将第二个动词翻译为核心谓语，上面的句子译为：Sitting there, I read a book.

需要说明的是，并列、伴随和下沉只是动词的形式，不代表动词之间的逻辑关系，用这三种形式翻译两个动词或两组动词都是可以的，同学们要根据句子上下文的关系来分别使用。一般来说，非文学翻译用并列较多，而文学翻译用伴随或下沉较多，这也是文学翻译"炫技"的一种方法。

例如 在其后的第25届和26届奥运会上，中国健儿均获得16枚金牌，排名世界第四。（本句选自王大伟、韩忠华主编的《英语笔译实务·三级》中《中国与奥林匹克运动》一文。）

In the following 25th and 26th Olympic Games, the Chinese athletes won 16 gold medals in the fourth place in the world.（此版本来源于王大伟、韩忠华主编的《英语笔译实务·三级》参考译文。）

分析：本句中有两个动词，一个动词是"获得"，另一个动词是"排名"，属于典型的双动词结构，那么译文将第一个动词作为核心动词，将第二个动词处理为伴随结构，归为三谓语介词短语。

再回到例句2中，由于例句2的翻译为非文学翻译，所以"帝国主义"和"北洋军阀政府"这两句之间可以用and连接，若表示"对照关系"，使用while也是完全可以的；"北洋军阀政府"后面的"对内"和"对外"显然是并列关系，所以也用并列关系连词and。

第二步：翻译

After World War I, the imperialists[1] stepped up their aggression against[2] China while[3] the Beiyang Warlord Government resorted to compromise and capitulation[4] externally and[5] to ruthless oppression of the people[6] internally.

1. 这里的"帝国主义"不能翻译为imperialism，因为"帝国主义"不能进行"侵略"，翻译为imperialists"帝国主义者"比较好。

2. 本句的核心动词"加紧侵略"翻译为"**动词+其他形式**"，即stepped up their aggression against。

3. 双动词之间的连接用 while 或 and 都是可以的，这里表示"并且"的含义。

4. 第三句的核心动词"妥协投降"的翻译采用"谓语动词的过渡"，翻译为 resorted to compromise and capitulation。其实，我们在考试时翻译为 compromised and capitulated 就可以了。

5. 双动词之间表示并列关系时用 and 连接。

6. 第三句后面的核心动词"镇压"的翻译也采用"谓语动词的过渡"，翻译为 to ruthless oppression of the people，其实，我们在考试时翻译为 ruthlessly oppressed 就可以了。

第三步：重读

正：After World War I, the imperialists stepped up their aggression against China while the Northern Warlord Government¹ resorted to compromise and capitulation externally and to ruthless oppression of the people internally.（此版本来源于庄绎传编著的《英汉翻译教程》参考译文。）

1. 本句的一个核心词"北洋军阀政府"应该翻译为 the Northern Warlord Government，对于这类词多说无益，该背就要背。

从例句 2 我们大概能知道双动词结构的含义是什么，接下来，我们再换一句文学翻译来试试吧！

例句 3　他踌躇了一会，终于决定还是自己送我去。（本句选自朱自清的《背影》。）

误：He hesitated for a while, finally decided to send me off by himself.

分析

例句 3 不长，短句较多，而且还口语化。上面版本的译文中最大的问题就是句与句之间没有连接，并且没有翻译出双动词"踌躇"和"决定"之间层次的感觉。

第一步：分析生动连

他踌躇了一会，终于决定还是自己送我去。

分析谓语动词：

例句的第一句中"踌躇"是核心动词，说的是"父亲原本不想送我去车站"的感受，但是还是去了，后面一句中的"终于"表示承接关系，之后又有动词"决定"，这两者之间是<u>双动词关系</u>，第二个动词"决定"后还有一个宾语从句，"自己送我去"便是这个宾语从句，"自己"是宾语从句中的主语，也就是 he，宾语从句中的"送我去"是谓语和宾语，也就是"陪我去车站"。

这样一来，翻译例句 3 需要解决的主要就是双动词之间的问题以及第二个动词之后的宾语从句二谓语的问题。如果大家还是不懂，可以多看看视频课的讲解！

第二步：翻译

After some wavering[1], he finally decided that[2] he would send me to the station by himself[3].

1. 这里的"犹豫"翻译成了名词，并且处理为"下沉"结构，放在了句首，这样就成功地处理了一个动词，这种<u>下沉结构</u>在文学翻译中出现得特别多。

2. 本句的核心谓语是"终于决定"，翻译为 finally decided，后面接宾语从句。

3. 这个宾语从句较为简单，但是宾语从句也是<u>二谓语结构</u>，也就是宾语从句的动词和主句的动词形成了"<u>谓语动词的层次性</u>"的关系。

第三步：重读

正：After some wavering, he finally decided that he himself [1]would accompany[2] me to the station.（此版本来源于张培基译注的《英译中国现代散文选》。）

1. 宾语从句中的"自己"翻译为反身代词 himself，而不是 by himself，这完全是"炫技"的表现。

2. 宾语从句中把"送我去"翻译为 accompany me to the station（陪我去车站），这突显出父亲对孩子的一种爱，在文学翻译中非常恰当。

所以，从以上的文学翻译可以看出，<u>文学翻译中双动词出现时其实用下沉结构的情况更多</u>，我们可以学着用这种译法。

例句 4　看着一堆老照片，心里掠过一<u>丝丝</u>歉意。（本句选自水月的《老照片》。）

误：*Look many old photos, feel some regrets in my heart.*

分析

例句4选自经典散文，以上版本的译文翻译得很差，直接把第一句谓语动词原型翻译成了祈使句，这一定是错误的，而且句与句之间没有连接。

第一步：分析生动连

看着一堆老照片，心里掠过一丝丝歉意。

分析谓语动词：

例句中第一句的核心动词是"看着"，第二句的核心动词是"掠过"，也就是"感受到"，所以这是典型的双动词结构，若是非文学翻译，可以使用并列结构，但是在文学翻译中，我们必须使用"炫技"的手法——<u>下沉结构</u>。

第二步：翻译

Looking at a pile of old photos[1], I felt[2] rather regretful.

1. 第一句翻译为下沉结构，使用了现在分词位于句首的译法，"一堆堆"翻译为 a pile of 非常合适。

2. 第二句的核心动词翻译为 felt，也是非常合适的，但是好像后面的"一丝丝歉意"翻译得过于简单。我们一起看看第三步的重读吧！

第三步：重读

正：Looking at a pile of old photos, I couldn't help feeling[1] rather regretful.（此版本来源于外交学院知名教授陈文伯先生。）

1. 本句的核心谓语翻译为 couldn't help feeling，能够突显出作者的原意，并且这里强调谓语动词，让动词部分显得非常厚实，句子整体也非常平稳。

通过以上几个句子我们了解到双动词结构的含义和译法，其实仔细想想，<u>双动词结构不就是谓语动词层次性的简化版</u>吗？为了让一个句子不那么复杂，把一个句子最后变成双动词结构，其实对于大家来说，翻译起来也比较容易。

四、分层之后还要谈分堆

大家会觉得处理谓语动词的层次性已经很难了，因为没有经过大量的实践，我们根本分不出来谁重要谁不重要，但是这还没完呢！还有更难的句子，因为中文里常常有由无数个短句构成的一个句子，也就是我们常说的"一逗到底"，那么遇到这样的句子时我们该怎么办呢？我们先来看一个例句：

> **例句 5**　这确是四本小小的不平凡的书，鲁迅从长妈妈的手里，连带着她的那一份无比深厚的情意接受了过来。（本句选自王士菁的《幼年鲁迅》。）

误：These are four outstanding books and Lu Xun took it from Chang Mama and took it with deep love.

分析

例句 5 选自经典散文《幼年鲁迅》，说到了鲁迅对于长妈妈的一种感情，但是上面版本的译文并不好：首先是句与句之间全部是用 and 连接，没有凸显出句与句之间真正的关系，只是简单连接；更加重要的是第二句没有核心谓语。

第一步：分析生动连

这确是四本小小的不平凡的书，鲁迅从长妈妈的手里，连带着她的那一份无比深厚的情意接受了过来。

分析谓语动词：

例句 5 中第一句的核心动词是"是"，这个比较简单，用一般过去时较好；第二句的核心动词只有一个——"接受了过来"，原文比较口语化，其实就是"接受"，很多同学会认为这句话是双动词结构，可处理为并列、伴随或是下沉的结构，但是其实我们应搞清楚这两句话之间的关系，因为不是只要有两句话就一定是双动词结构。

在汉译英的核心问题上，我们一定要常常问自己：这句话到底说了几件事？若是一件事，我们则需要对句中的动词进行分层；若是两件事，我们则需要对句子进行分堆，分为几堆，也就是几句，这就是我们常说的规律五——"分层还是分堆"的问题！这个问题较难，建议大家看配套视频课来理解！

很显然，例句 5 的第一句说了一件事，说的是"这四本书非常好"；第二句又说了一件事，说的是"鲁迅接受了四本书"，这个分析过程就是<u>分堆</u>，而不是<u>分层</u>。这样一来，这个句子就翻译为单独的两句。

第二步：翻译

The book was indeed outstanding.[1] Lu Xun received[2] it from Mama Chang's hands with her incomparably deep love for him[3].

1. 分堆之后，第一句是主系表结构，谓语动词翻译为 was。

2. 第二句的核心谓语是"接受了过来"，翻译为 received 非常准确。那么如何处理"连带着"呢？其实这是一个介词（采用"<u>动改介</u>"的译法），也是三谓语，翻译为 with。

3. incomparably deep love for him 表示"那一份无比深厚的情意"。

第三步：重读

正：The book was indeed something extraordinary[1]. Lu Xun received it from Mama Chang's hands along with her incomparably deep affection for him[2].（此版本来源于张培基译注的《英译中国现代散文选》。）

1. 这个版本的译文使用了"炫技"的译法，使用了不定代词后面接形容词的译法。

2. 这个版本的译文又把"情意"翻译成了 affection，而不是 love，词汇使用的更难一些。其实，在文学翻译中"选词"确实是个问题，但是由于篇幅所限，我们没有办法在本书展开来讲。

例句6　我们要践行全球文明倡议，赓续传统友谊，密切人员往来，加强治国理政经验交流，深化文明互鉴，增进相互理解，筑牢中国同中亚国家人民世代友好的基石，携手建设一个相知相亲、同心同德的共同体。（本句选自2023年中国国家主席习近平在中国—中亚峰会上的主旨讲话。）

误：We need to act on the global civilized proposal, maintain the traditional friendship, enhance the people-to-people exchange, promote experience of governing, deepen civilized mutual learning, enhance the mutual understanding, consolidate the foundation of long friendship between these two peoples and work together to build much closer community.

分析

　　这个例句的翻译属于典型的非文学翻译。这里主要是要解决词汇的问题，上面版本的译文中的词汇翻译得非常不好。关于词汇，只有把单词背牢，才能解决最核心的问题。另外，例句中的句子实在太多了，如果只翻译为一个句子确实存在一些问题。

　　第一步：分析生动连

　　我们要践行全球文明倡议，赓续传统友谊，密切人员往来，加强治国理政经验交流，深化文明互鉴，增进相互理解，筑牢中国同中亚国家人民世代友好的基石，携手建设一个相知相亲、同心同德的共同体。

　　分析谓语动词：

　　这个例句中的谓语动词有很多，"要践行""赓续""密切""加强""深化""增进""筑牢""携手建设"都是动词。按照非文学翻译的"传统"译法，应当将这些动词全部都翻译为并列结构，最后两个动词之间用 and 连接，但是这样处理的话，句子就太长了，所以就需要我们分堆，而不是分层。

　　那么最简单的分堆方式是什么呢？当然是从中间分开最好，比如一个句子中有四个句子，四个动词，那么"二二分堆"，分为两个句子，形成两个双动词结构的句子，然后再处理，这样会更加简单。这个原理同样适用于有更多动词的句子的"分堆"。

　　例句 6 很长，句中有八个动词，我们可以将句子分成两堆，实际上分成三堆更好，第一堆有"要践行""赓续""密切"，第二堆有"加强""深化""增进""筑牢"，第三堆有"携手建设"，为什么前两堆的动词数量不一样呢？原因很简单，因为前两个句子基本长度一致，第三堆实际上是对前两堆的总结，所以单独翻译成一个句子。这样，一个大句子就翻译为英文的三个句子了，这也是经典的分堆方式。

　　所以分堆不仅在文学翻译中常见，在非文学翻译中也十分常见！

　　分析连词：

　　这个例句翻译为三个句子，第一个句子的最后两个动词之间用 and；第二个句子也是这样；第三个句子只有一个动词，直接翻译，不需要用连词。

　　第二步：翻译

　　We should implement the *Global Civilization Initiative*[1], carry forward our traditional friendship, and enhance people-to-people exchanges[2]. We should do more to share our experience in governance, deepen cultural mutual learning, increase mutual understanding, and cement the foundation of the everlasting friendship between the Chinese and Central Asian peoples³. We should work together to build our community of close affinity and shared conviction⁴.

1. 第一个句子中的第一组谓语和宾语结构需要解决词汇问题,而且如何翻译每个词组是非常重要的。

2. 第一个句子中第二个动词和第三个动词之间需要用 and 连接。

3. 第二个句子中第三个动词和第四个动词之间需要用 and 连接。

4. 第三个句子中的"携手建设"可以归为"副词+动词"结构(其实本质上不是),翻译为"动词+其他形式",译文处理为 work together to build 也是可以的。

第三步:重读

正:It is important that¹ we implement the *Global Civilization Initiative*, carry forward our traditional friendship, and enhance people-to-people exchanges. We should do more to share our experience in governance, deepen cultural mutual learning, increase mutual understanding, and cement the foundation of the everlasting friendship between the Chinese and Central Asian peoples. We should work together to ensure² that our community features close affinity and shared conviction.(此版本来源于外交部官方参考译文。)

1. 这里译者并没有使用 we should,而是使用了一个主语从句,并且后面可以使用虚拟语气,这是比较高级的用法,我们作为初学者,不要求掌握。

2. 原文中的"携手建设"后面接名词词组"一个相知相亲、同心同德的共同体",其实直接翻译名词词组也挺好的,但是译文这里又"炫技"了,翻译成为宾语从句 our community features close affinity and shared conviction,这种"炫技"的译法我们还是尽量不要使用。

所以大家会看到,要想翻译出优秀的译文,不仅在词汇上一定不能出错,而且在结构上也要精心设计,但是这点对于初学者来说确实太难了!

五、到底是分堆还是分层呢？

说到这里，大家会发现中文里常常出现多个短句聚集的句型，需要我们考虑这些短句里动词之间的关系，哪一个是最重要的，哪一个是其次重要的，哪一个是最不重要的，这称为"谓语动词的层次性"，即我们熟知的"分层"。

除此之外，大家还会发现，当一个句子中出现了多个动词，或者有大量的短句时，我们也有可能不会把这些短句翻译成一个英文句子。那么，这时就需要我们考虑哪些动词构成的句子可以放在一起翻译，这样的过程称为"动词的分堆"。比如，一个长句中有五个动词形成的五个短句，我们一般会考虑将前三个动词所在的短句翻译为一个句子，将后两个动词所在的短句翻译为一个句子。在具体的翻译实践中，我们究竟如何进行分堆，这要根据上下文的语境来判断，绝对不能形而上学，望文生义。

而且，一个句子到底是分层还是分堆，这也是需要长期的实践和训练才能掌握的，但是核心的问题要知道，在做汉译英时一定问自己：动词是分堆还是分层呢？这句话中究竟说了几件事呢？

让我们再来看一个例句吧！

例句7　因此，战后，英国包括其他西方国家，包括法国、德国、俄国和美国，还有东方的日本，或是单独或是联合对中国发动侵略战争，以不同的方式欺凌中国，以获取优惠、特权、赔偿、租借，甚至领土。（本句选自王大伟、韩忠华主编的《英语笔译实务·三级》。）

误：*So, after the War, UK and other western countries and France, Germany, Russia, and the United States, and Japan in the east, jointly or separately, started aggressive war to China and bullied China in different ways to gain discounts, special rights, compensations, rented land even territory.*

分析

例句7属于是典型的非文学翻译，但是上面版本的译文中出现的问题很多：原文中有多个句子，译文中却只有一个长句，而且动词之间的关系非常混乱；单词的使用不太准确,甚至让人摸不到头脑。

第一步:分析生动连

因此,战后,英国包括其他西方国家,包括法国、德国、俄国和美国,还有东方的日本,或是单独或是联合对中国发动侵略战争,以不同的方式欺凌中国,以获取优惠、特权、赔偿、租借,甚至领土。

分析谓语动词:

这个例句中有多个动词和多个短句,第一个动词是"包括",表示的是"和"的意思,是连词;第二个"包括"实际上也不是动词,而是介词including;第三个动词是"发动";第四个动词是"欺凌";第五个动词是"获取"。这时,我们要问自己:"这句话说了几件事?"很显然是两件事,第一件事是"发动",第二件事是"欺凌"来"获取",这样整个句子就翻译为两个句子。

做完分堆的工作,再来分层:第一个句子中只有一个动词"发动";第二个句子中有两个动词,也就是双动词结构,第一个动词是核心谓语"欺凌",第二个动词"获取"是二谓语,翻译为伴随的不定式,表示目的状语。

分析连词:

本句原来是一个大句子,后来翻译为两个句子,句与句之间可以用and连接。当然,翻译为单独的两个句子也是可以的。

第二步:翻译

Therefore,[1] after the War, Britain[2] and other western countries, including[3] France, Germany, Russia, and the United States, and Japan in the east, jointly or separately, waged aggressive war against China.[4] They[5] bullied China in different ways to[6] gain special rights, privileges, compensations, concessions even territory.

1. 这里"因此"翻译为therefore比so更加合适,表示上下文的承接关系。

2. 这里"英国"翻译为Britain比UK要好,因为UK代表的是国家的名字,而Britain代表的是国家。

3. 这里的"包括"翻译为介词including,这是典型的"动改介"的译法。

4. 在此处分堆表明了这个长句发生了两件事,一件是"发动",另一件是后面的两个动词。

5. 在分堆之后，第二个句子缺少主语，这里增加主语"这些国家"或"他们"都可以。

6. 这里用不定式表示双动词结构，为伴随关系，一个是核心动词，另一个是非谓语动词。

第三步：重读

Therefore, after the War, Britain and other western countries, including France, Germany, Russia, and the United States, and Japan in the east, jointly or separately, waged aggressive war against China. They bullied China in different ways to gain special rights, privileges, indemnities[1], concessions even territory. （此版本来源于王大伟、韩忠华主编的《英语笔译实务·三级》参考译文。）

1. 这里的"赔偿"翻译为 indemnity，复数形式为 indemnities，这个单词表示的是"（法律意义上的）赔偿"，所以比 compensation 要合适得多。

例句7的翻译突显了通常我们在做汉译英时的基础思路：首先看见长句，想想是不是将短句放在一起翻译呢？然后问自己究竟发生了几件事情呢？

　　汉译英时，先分堆，再分层，才是王道。分堆时最好让一个句子成为双动词结构，这样并列、伴随和下沉才好使用！这么说大家是不是理解了呢？

—— 练 习 ——

一、请回答下列问题

1. 规律四——谓语动词的层次性是什么？
2. 汉译英时谓语动词的双动词结构是什么？一般如何翻译？
3. 汉译英时谓语动词的分堆是指什么？一般如何进行分堆？
4. 规律五——谓语动词的分堆和分层一般是如何进行的呢？

二、汉译英段落翻译

欢迎大家来到西安,出席中国—中亚峰会,共商中国同中亚五国合作大计。

西安古称长安,是中华文明和中华民族的重要发祥地之一,也是古丝绸之路的东方起点。2100多年前,中国汉代使者张骞自长安出发,出使西域,打开了中国同中亚友好交往的大门。千百年来,中国同中亚各族人民一道推动了丝绸之路的兴起和繁荣,为世界文明交流交融、丰富发展作出了历史性贡献。中国唐代诗人李白曾有过"长安复携手,再顾重千金"的诗句。今天我们在西安相聚,续写千年友谊,开辟崭新未来,具有十分重要的意义。

2013年,我担任中国国家主席后首次出访中亚,提出共建"丝绸之路经济带"倡议。10年来,中国同中亚国家携手推动丝绸之路全面复兴,倾力打造面向未来的深度合作,将双方关系带入一个崭新时代。

横跨天山的中吉乌公路,征服帕米尔高原的中塔公路,穿越茫茫大漠的中哈原油管道、中国—中亚天然气管道,就是当代的"丝路";日夜兼程的中欧班列,不绝于途的货运汽车,往来不歇的空中航班,就是当代的"驼队";寻觅商机的企业家,抗击新冠疫情的医护人员,传递友谊之声的文化工作者,上下求索的留学生,就是当代的友好使者。

中国同中亚国家关系有着深厚的历史渊源、广泛的现实需求、坚实的民意基础,在新时代焕发出勃勃生机和旺盛活力。

第十天

突破中文里的连词和连接问题

一、简单说说中英文的连接问题

在前面的讲解中，我们已经知道<u>中文是意合式语言</u>，而<u>英文是形合式语言</u>，中文多标点，而英文多连词。所以我们才会看到中文里有很多短句，并且有些原文还有"一逗到底"的特点。因此，我们在汉译英时经常需要做一件很重要的事，就是把这些短句合理地放在一起，并且用合适的连词进行连接，这也是我们所说的"分析"中非常重要的一步——<u>寻连词</u>。那么，汉译英时如何将句与句进行连接呢？我们一起在实践中看看这个"连接"的问题吧！

二、先说说句句之间简单的连接

> **例句 1**　我国在世界主要经济体中率先实现正增长，预计 2020 年国内生产总值迈上百万亿元新台阶。（本句选自 2021 年中国国家主席习近平的新年贺词。）

误：*China has achieved the positive growth in major economy, it is predicted that the GDP will reach 100 trillion yuan.*

分析

这个例句的翻译属于典型的非文学翻译。上面版本的译文最大的问题就是两个句子之间没有连接，而且时态也非常混乱，所以译文质量不高。

第一步：分析生动连

我国在世界主要经济体中率先实现正增长，预计2020年国内生产总值迈上百万亿元新台阶。

分析谓语动词：

第一句的核心动词是"实现"，而直接翻译为 achieve 感觉不太好，因为少了一个词"率先"。这里，我们可以采用"谓语动词的过渡"，将"率先"翻译为动词，将"实现"翻译为二谓语。

第二句的核心动词是"预计"，后面的"迈上"属于典型的二谓语，翻译为从句中的谓语动词即可。

分析连词：

第一句和第二句之间看上去没有什么关系，其实把它们翻译为两个短句也是可以的，但是两个短句好像不太好，还不如用 and 进行连接，这样不就解决了句与句之间的连接问题了吗？

非文学翻译中，我们不要把句与句之间的连接想得太复杂，一般用并列连词 and 就十分合适，没必要纠结句子内部的关系，句与句之间只要没有明显的条件、因果、让步、假设、时间等关系，用 and 就可以。

第二步：翻译

China is the first major economy worldwide[1] to achieve positive growth, and[2] its GDP in 2020 is expected to[3] step up to a new level[4] of 100 trillion yuan[5].

1. 这里把"率先"翻译为动词，后面的"实现"翻译为二谓语不定式，这个结构非常值得大家学习。

2. 句与句之间必要的连接用 and，这么连接非常合适且准确。

3. 本句将"2020年的国内生产总值"作为主语，前面的"预计"则处理为被动语态，也就是"被预计"，后面的动词"迈上"翻译为 step up to，这也是翻译得很棒的词组。

4. 这里的"新台阶"翻译为 a new level，其实我们也可以认为它是范畴词，用减词的方法，不翻译也是可以的。

5. "百万亿元"翻译为 100 trillion yuan。请注意这里的数字翻译。

第三步：重读

正：China is the first major economy worldwide to achieve positive growth, and its GDP in 2020 is expected to step up to a new level of 100 trillion yuan.（此版本来源于新华社官方参考译文。）

从例句1的翻译可以看出，中文里句与句之间一般不用连词，句与句之间的关系也需要靠我们自己思考和揣摩，但是英文里句与句之间必须要有连词，表示两个句子之间的关系，或者表示主从句之间的关系。

例句 2　中亚国家主权、安全、独立、领土完整必须得到维护，中亚人民自主选择的发展道路必须得到尊重，中亚地区致力于和平、和睦、安宁的努力必须得到支持。（本句选自2023年中国国家主席习近平在中国—中亚峰会上的主旨讲话。）

误：Maintain Central Asian countries' sovereignty, security, independence and territorial integrity. Respect their people's choice of development paths. Support their efforts for peace, harmony.

分析

这个例句的翻译属于典型的非文学翻译。原文是经典的排比结构，而上面版本的译文将每个句子翻译成了单独的句子，并且还翻译为祈使句，让人摸不到头脑，译文中除了一些单词翻译正确以外，动词和连词全部错误，译文质量极差。

第一步：分析生动连

中亚国家主权、安全、独立、领土完整必须得到维护，中亚人民自主选择的发展道路必须得到尊重，中亚地区致力于和平、和睦、安宁的努力必须得到支持。

分析谓语动词：

第一句的核心动词是"得到维护"，这里是典型的"隐藏被动语态"，动词形式翻译为"被维护"；第二句的核心动词是"得到尊重"，动词形式翻译为"被尊重"；第三句的核心动词是"得到支持"，动词形式翻译为"被支持"。

分析连词：

这个例句中有三个并列句，翻译时可以将第一句翻译为一句，将第二句翻译为一句，第三句和第二句之间用 and 连接，这也是非文学翻译最基本的连接方法。

第二步：翻译

The sovereignty, security, independence and territorial integrity[1] of Central Asian countries must be upheld[2], their[3] people's choice of development paths must be respected[4], and[5] their efforts for peace, harmony and tranquility must be supported[6].

1. 翻译四个名词短语时，用 and 将第三个和第四个短语进行连接。其实我们所说的连接不仅仅是句与句之间的连接，也包括词与词之间的连接，还包括短语与短语之间的连接，从句与从句之间的连接。

2. 这里的隐藏被动语态已经体现出来，翻译为 be upheld。

3. 这里没有重复使用"中亚"，而是使用代词，体现出中文善于用名词重复，而英文善于用代词的特点。

4. 这里的隐藏被动语态已经体现出来，翻译为 be respected。

5. 这个连词是最关键的，这里使用 and 连接第二个句子和第三个句子。

6. 这里的隐藏被动语态已经体现出来，翻译为 be supported。

第三步：重读

正：The sovereignty, security, independence and territorial integrity of Central Asian countries must be upheld; their people's choice of development paths must be respected; and their efforts for peace, harmony and tranquility must be supported.（此版本来源于外交部官方参考译文。）

本句最经典的地方可能就是使用了分号连接每个句子，但是笔者认为其实没有必要，这里使用逗号就可以，使用分号表示句子之间并列的关系，但是这个标点的使用确实比较难，请谨慎使用。

三、再说说句与句之间复杂的连接

从以上的句子可以看出，考虑到句与句之间的连接是十分有必要的，非文学翻译的连接相对来说没有那么难，而文学翻译的连接则要难很多，这是为什么呢？因为文学作品的语言相对比较松散，用词没有那么严谨，但语言逻辑性较强，口语化较重，并且"话外有话"，这就增加了不少难度。我们一起来看看例句。

例句 3 北平的地方那么大，事情那么多，我知道的真觉太少了，虽然我生在那里，一直到廿七岁才离开。（本句选自老舍的《想北平》。）

误：Beijing is so big, things are too many, I know a little. Although I lived there, but left till 27 years old.

分析

例句 3 非常符合中文的写作习惯，其中的短句较多，而且句与句之间没有连词，句与句之间的关系需要我们认真思考。上面版本的译文中没有连词，而且语言的顺序也不准确，显然这是错误的。

第一步：分析生动连

北平的地方那么大，事情那么多，我知道的真觉太少了，虽然我生在那里，一直到廿七岁才离开。

分析谓语动词：

例句中第一句和第二句的动词都是 be 动词，一个表示"大"，一个表示"多"，第三句的动词是"知道"，第四句的动词是"出生"，第五句的动词是"离开"。若是按照分堆或者分层的"套路"来看，对这个句子的处理应该是先分堆，再分层。但是上面版本的译文确实出乎人的意料，我们接着分析。

分析连词：

第一句和第二句之间看上去主语不同，但是我们可以把主语都当做"北平"，这样的话，两句之间就可以用 and 连接；第三句和第一、第二句的连接可以用 so...that 结构，表示"太……以至于"，作为结果状语从句；而到了第四句，则是用 although 引导让步状语从句；第五句和第四句可以用并列的 and 译法，"直到"可以处理为连词 until。

中文里分句之间不一定用连词连接,而英文里则必须使用连词。所以在汉译英时,我们要去体会和理解每个逗号前后句子之间的关系,到底是并列、转折、让步、因果、条件等关系,还是别的什么关系?然后去选择合适的连词进行连接,形成一个英文句子。我们始终要牢记一点:<u>英文的两个分句之间必须有连词连接</u>。

第二步:翻译

Beijing is so big and has too many things[1] that[2] I have known a little although[3] I was born and was raised up there and did not go away until I was 27[4].

1. 第一句和第二句共用了主语"北平",但是这里的"北平"翻译得不正确。

2. 这里使用 so...that 引导结果状语从句,非常经典,需要大家仔细理解,句与句之间的连接就是这么来的。

3. 用 although 引导的让步状语从句可以解决后面两个句子和主语之间的关系。请注意:后面第二个 and 也连接了两个句子。

4. 这里的 until 用的是否定形式 not...until,表示"直到……才"。

第三步:重读

正:Peiping[1] is so big and multifaceted[2] that very little of it[3], I believe[4], is known to me though I was born and brought up there and never[5] went away until I was 27.(此版本来源于张培基译注的《英译中国现代散文选(一)》。)

1. 本句的主语"北平"翻译为 Peiping 非常准确。

2. multifaceted 表示"多方面的",在句中表示"北京的事情特别多"十分合适。

3. 这里将本句的主语从<u>有灵主语</u>"我",<u>换成了无灵主语</u>"很少的事",这点是非常灵活的,在文学翻译中这种译法非常常见。

4. I believe 属于增评论性词,文学翻译中常见,一般翻译时可以不用。

5. never 是典型的否定词,比用 not(前一版本译文)要好一些。

从例句3的翻译可以看出，英文里句与句之间的连接非常重要，能让大家非常清楚地看到整句的句式结构，英文有主句，有从句，结构非常清晰。

例句4 每一城楼，每一牌楼，都可以从老远就看见。况且在街上还可以看见北山与西山呢！好学的，爱古物的，人们自然喜欢北平，因为这里书多古物多。（本句选自老舍的《想北平》。）

误：*Each chenglou and each pailou can be seen from a long distance. The north and west mountain also can be seen. People who love studying and antiques love Beijing because there are many old books.*

分析

例句4和例句3的特点非常相似，其中的短句非常多，而且读者很难读出句与句之间的关系。上面版本的译文并没有体现出句与句之间的连接，而且句式结构非常单一，译文质量相当差。

第一步：分析生动连

每一城楼，每一牌楼，都可以从老远就看见。况且在街上还可以看见北山与西山呢！好学的，爱古物的，人们自然喜欢北平，因为这里书多古物多。

分析谓语动词：

这个例句中第一句的动词是"看见"，我们能看出来"隐藏被动语态"，不是"老远看见"，而是"老远被看见"。第二句的动词也是"看见"，这里也可以理解为"隐藏被动语态"。第三句中的动词是"好"和"爱"是"人们"的修饰语中的动词，可以处理为二谓语定语从句，这句的核心谓语是"喜欢"，后面的原因状语从句的动词是"……多"。

分析连词：

第一句中的"每一城楼，每一牌楼"也需要连接，用 and 即可，本句只有一个句子，用句号结束，所以不需要考虑连词问题。第二句主谓宾明确，直接翻译，也不需要考虑连词问题。第三句是复合句，一个是主句，一个是原因状语从句，用 because 进行连接。

> 大家看到这里是三个句子，总是在想如何将这三个句子进行合译，变成一个长句子，其实有的时候对于初学者来说完全没有必要。原句有几个句子，我们就翻译为几个句子。当然，合译肯定是有必要的，但是对于初学者来说，还是老老实实地直接翻译，并且不要改变语句的顺序，这是最保险的。

第二步：翻译

Each gate tower of the city wall[1] and each pailou[2] can be seen from afar. And the Northern and Western hills are visible[3] to people in the open streets. Those who love studying or collecting curios[4] will naturally be drawn to Peiping, because[5] it is remarkable for its rich store of books and curios[6].

1. 这里的"城楼"翻译得非常复杂，大家若不会翻译，可以使用汉语拼音，勉强可以接受。

2. 这里的"牌楼"直接翻译为拼音，但是还是需要解释一下，否则读者可能读不太明白。

3. 这里的谓语动词"看见"并没有翻译为 can be seen，因为这么翻译的话，就会和上一句的谓语非常相似，译者还是采用了多样性的词汇，翻译为形容词 visible。

4. 这里将两个前置的定语全部翻译为定语从句，用 who 来引导，非常准确。

5. 这里句与句之间的连接用 because 非常合适。

6. 这句的翻译相对较难。实际上，若在考试中，翻译为 there be 句型即可。

第三步：重读

正：Each gate tower of the city wall and each pailou (decorated archway)[1] can be seen from afar. And the Northern and Western hills are visible to people in the open streets. Those who are fond of studying or collecting curios will naturally be drawn to Peiping, which[2] is remarkable for its rich store of books and curios.（此版本来源于张培基译注的《英译中国现代散文选（一）》。）

1. 这里的"牌楼"直接翻译为拼音后进行了增译注，让读者能更加明白。

2. 原本句中的原因状语从句处理为非限定性定语从句确实很好，因为非限定性定语从句和状语从句的作用非常相似，但是这种用法对于初学者来说实在太难了！

大家看到以上例举的大师的译文一定会非常赞叹，实话实说，初学者估计再学几十年也很难达到这个高度。其实，<u>汉译英追求简单的单词，准确的语法结构</u>，这些在考试中就绝对够用了！

四、到底是分译还是合译呢？

说到这里，大家能明白汉译英的基础思路了，动词之间需要有层次，多个短句或者短语之间需要有连词，不同的"堆"可以单独成句，但是还有更难的点：有的时候把多个句子放在一起翻译，有的时候把一个句子分开来翻译，这是怎么回事呢？这就是我们常说的分译与合译。我们先来看看例句吧。

例句5　它收敛了它的花纹、图案，隐藏了它的粉墨、彩色，逸出了繁华的花丛，停止了它翱翔的姿态，变成了一张憔悴的，干枯了的，甚至不是枯黄的，而是枯槁的，如同死灰颜色的枯叶。（本句选自徐迟的《枯叶蝴蝶》。）

误：*It gathered its wing with colorful patterns, concealed its beautiful colors, escaped out of the blooming flowers, prevent its flying gesture, became a dried leaf like the deathly grey leaf.*

分析

例句5的翻译属于典型的文学翻译，句中词汇的翻译特别难。上面版本的译文基本没有体现出形容词和副词的特点，另外更加重要的是，译文中句子的结构非常混乱，并直接用了并列结构，这种结构常用于非文学作品中。总体来看，上面版本的译文质量相当差。

第一步：分析生动连

它收敛了它的花纹、图案，隐藏了它的粉墨、彩色，逸出了繁华的花丛，停止了它翱翔的姿态，变成了一张憔悴的，干枯了的，甚至不是枯黄的，而是枯槁的，如同死灰颜色的枯叶。

分析谓语动词：

这个例句中的动词分别为"收敛""隐藏""逸出""停止""变成"，简单来说，也就是一个主语后面接五个句子。那么，我们要做什么呢？当然是问自己到底是<u>分堆</u>还是<u>分层</u>。这里使用分堆的译法较好，五个动词中，前面两个动词可以分成一堆，后面三个动词可以分成一堆（第五个动词后面的内容比较丰富）。

分成两堆以后，我们看到：前一句是双动词结构，后一句是三动词结构，这里要提示一下：三动词结构也可以处理为<u>双动词结构</u>。大家仔细想想！不明白的可以看配套视频课里的讲解。

分析连词：

分堆之后，第一句中有两个动词，"收敛"和"隐藏"，可以直接用并列译法，用 and 连接最好。第二句中有三个动词，"逸出""停止"之间可以理解为并列关系，用 and 连接；"变成"和前面两个动词之间形成时间状语的关系，用 when 或是 as 等词连接都可以。

若中文里出现了多个短句构成的长句，我们首先应该问自己："这句话里到底发生了几件事？"一件事就翻译为一句，两件事就翻译为两句，也就是我们常说的分堆，其实点说得学术一点这个知识就是——分译。分译广泛地存在于英汉互译中，比如英译汉主语过长时可单独成句，这也属于分译的一种类型，汉译英有多个句子时需要分堆，也是分译，还有许多其他情况。

第二步：翻译

It gathers its wings with exquisite patterns and conceals its beautiful colors[1]. When[2] it flutters out from a cluster of blooming flowers and alights somewhere in the middle of its graceful flight, it turns[3] into a dried[4] leaf, not even of a withering yellow, but of a deathly grey[5].

1. 这句译文和我们之前分析的一样，双动词结构，用 and 连接，gather 和 conceal 分别表示"收敛"和"隐藏"，这也是最简单的结构。

2. 第二句使用了 when 引导的时间状语从句。时间状语从句中有两个动词，一个是"逸出"，另一个是"停止"，这两个动词之间形成并列结构。此版本译文中这两个动词翻译得都比较难，我们在翻译时可以使用较为简单的单词。

3. 本句的核心动词是"变成"，翻译为 turn 非常准确和合适。

4. 这里的形容词"憔悴的"和"干枯了的"有相似的含义，所以翻译为一个形容词 dried。

5. 这几个形容词"不是枯黄的，而是枯槁的，如同死灰颜色的"是"不是……而是……"的结构，但是翻译时不要翻译得那么难，直接翻译为 not even of a withering yellow, but of a deathly grey，形成后置定语。

第三步：重读

正：Gathering its wings with exquisite patterns[1], it conceals its beautiful colors. When it flutters out from a cluster of blooming flowers and alights somewhere in the middle of its graceful flight, it turns into a dried leaf, not even of a withering yellow, but of a deathly grey.（此版本来源于乔萍等编著的《散文佳作108篇》。）

1. 这里的双动词在重读之后翻译为下沉结构。为什么这样做呢？因为其属于文学翻译。文学翻译常常用下沉结构，这是我们有目共睹的事实。在考试中大家也可以学着用下沉结构。

通过例句5的翻译，大家基本知道了分译的基本含义，和动词的分堆类似，但是这种分译涉及的面特别广，需要我们认真体会和学习。可能有人会问，有了分译，是不是就有合译呢？当然了，我们来看同一篇文章中的不同句子，这就很有趣了。

例句6

它这样伪装，是为了保护自己。但是它还是逃不脱被捕捉的命运。不仅因为它的美丽，更因为它那用来隐蔽它的美丽的枯槁与憔悴。（本句选自徐迟的《枯叶蝴蝶》。）

误：*It disguises to protect itself. But it can not escape its being captured. It can not only be its beauty, but also its withered appearance which covers it.*

分析

例句 6 和例句 5 选自同一篇文章，但是由于句子结构的不同，所以使用的翻译方法也不一样。上面版本的译文是按照句子原本的结构进行翻译的，没有考虑句与句之间的连接，翻译错误很多，译文质量较差。

第一步：分析生动连

它这样伪装，是为了保护自己。但是它还是逃不脱被捕捉的命运。不仅因为它的美丽，更因为它那用来隐蔽它的美丽的枯槁与憔悴。

分析谓语动词：

例句 6 的第一句有两个动词"伪装"和"保护"，是典型的<u>双动词结构</u>，可以使用并列、伴随或下沉的结构；第二句只有一个动词"逃不脱"，直接翻译即可；第三句的动词结构很难分析，其实第三句更像是一个词组，而不是句子，因此我们可以判断第三句不能单独翻译成句子。

分析连词：

这个例句的第一句有两个动词，第二句由"但是"引出，有一个动词，所以我们可以考虑把第一句和第二句放在一起翻译，形成一个并列句。那么，第三句该怎么处理呢？刚才我们分析第三句时，认为它不是句子，"不仅因为……更是因为……"是一个长词组，这连一个基本的原因状语从句都算不上，只是一个比较长的原因状语，所以也可以和前一句放在一起翻译。这样，我们刚才说过的合译就出现了！

> **TIPS**
>
> 中文里若出现了多个短句，而且这些"句子"用句号连接在一起，看上去似乎这些"句子"都是单独存在的，但是这些"句子"之间存在着必然的联系，所以我们在翻译的时候，可以将这些"句子"按照逻辑关系放在一起翻译，这也就是我们所说的合译。
>
> 合译和分译有本质的区别。合译存在的情况是：多个句子、短语或词组，只是因为原文作者在写作时用句号隔开，但是这种隔开并不能造成句子、短语

或词组意思上的分割，所以总体上来说它们还是一句话，也就是所谓的"一件事"，所以在翻译时把这些句子、短语或词组放在一起形成一个大句子也就顺理成章了。而分译则完全相反：一个大句子中出现了多件事，只是原文作者用逗号把它们隔开了，我们在翻译时还是要搞清楚句与句之间的连接，并且翻译为多个句子。同学们理解了吗？

第二步：翻译

It disguises its shape and colors in order to protect itself[1], but[2] nevertheless it can't help ending up in[3] being captured, not only because of[4] its beauty, but[5] more because of the withered quality of its appearance covers up its beauty[6].

1. 第一句中的"伪装"后增了对象词"形状和颜色"，这一点在增词与减词中讲过。要注意，汉译英也是可以增词的。

2. 这里第一句和第二句合译。因为句与句之间有了"但是"，而且两句都比较短，合译比较合适，形成并列句。

3. 这里的"逃不脱……的命运"翻译为 can't help ending up in doing，也是将"命运"进行了动词化，翻译为 end up in doing 的结构。当然，翻译为名词也是没错的。

4. 这个长词组和前文的连接非常重要，这里使用了原因状语 because of，这样的合译也是顺理成章的。

5. 这里把"更"理解为"不仅……而且……"，翻译为 but（also）非常合适。

6. 最后的动词 cover up 的结构好像有点不太对，需要在重读里进行调整。

第三步：重读

正：It disguises its shape and colors in order to protect itself, but nevertheless it can't help ending up in being captured, not only because of its beauty, but more because of the withered quality of its appearance[1] that covers up its beauty[2].（此版本来源于乔萍等编著的《散文佳作108篇》。）

1. 原文中"枯槁与憔悴"两个名词有非常相似的含义，所以可以只翻译一次，而且译文作为文学翻译处理得很复杂，译为 the withered quality of its appearance，理解为"它外表枯萎的特点",这样的增词可以接受,但是笔者不建议初学者这么翻译,因为这样翻译太复杂了。

2. 这里的"用来隐蔽它的美丽的"是"的"的结构,翻译为定语从句较为合适。

通过例句5和例句6的翻译,我们大致了解了分译与合译的基本思路。简单来说,分译适用于不同事情发生的情况,句子也许比较短,但是意思不同;而合译适用于相同事情发生的情况,也许文字比较长,但是本质上来说还是一个句子。

> **例句 7**
>
> 我国继续保持世界第二大经济体的地位,经济稳健发展,全年国内生产总值预计超过120万亿元。面对全球粮食危机,我国粮食生产实现"十九连丰",中国人的饭碗端得更牢了。我们巩固脱贫攻坚成果,全面推进乡村振兴,采取减税降费等系列措施为企业纾难解困,着力解决人民群众急难愁盼问题。(本句选自2023年中国国家主席习近平的新年贺词。)

误: We have remained the second largest economy in the world, the economic development is stable and GDP of this year will exceed 120 trillion yuan. Facing a global food crisis, we have secured a bumper harvest for the 19th year continually and putting us in a stronger position to ensure the food supply of the Chinese people. We have consolidated our gains in poverty elimination, advanced rural revitalization across the board, introduced tax and fee cuts and other measures to ease the burden on businesses, and made active efforts to solve the most pressing difficulties of high concern to the people.

分析

例句7的翻译属于典型的非文学翻译。非文学翻译中要重点解决词汇问题,上面版本的译文中词汇翻译得还不错,但是句式结构出现了比较大的问题,译文按照原文顺序这点是没有问题的,但是动词之间没有体现分层或是分堆的问题,也没有考虑句与句之间合译和分译的问题,所以整体结构较为混乱。

第一步：分析生动连

我国继续保持世界第二大经济体的地位，经济稳健发展，全年国内生产总值预计超过 120 万亿元。面对全球粮食危机，我国粮食生产实现"十九连丰"，中国人的饭碗端得更牢了。我们巩固脱贫攻坚成果，全面推进乡村振兴，采取减税降费等系列措施为企业纾难解困，着力解决人民群众急难愁盼问题。

分析谓语动词：

例句 7 的第一句中有三个动词，分别是"继续保持""发展"和"预计……超过"，三个动词翻译为并列结构，第二个动词和第三个动词之间用 and 连接较为合适。第二句中有三个动词，分别是"面对""实现"和"端"，第一个动词可以处理为四谓语，不翻译，当然翻译为二谓语分词结构 facing 也是可以的；第二个动词和第三个动词是并列结构，用 and 连接。第三句中有四个动词，分别是"巩固""推进""采取""解决"，这种句子一看就是需要分堆的，也是分译的一种情况，四个动词采用二二分堆的结构较好，前两个动词并列，后两个动词并列。

分析连词：

第一句中有三个动词，第二个动词和第三个动词之间用 and；第二句的第二个动词和第三个动词之间用 and 连接；第三句经过二二分堆之后，前两个动词之间用 and 连接，后两个动词之间用 and 连接，这么来看，非文学翻译的连接确实相对比较简单。

第二步：翻译

China has remained the second largest economy in the world and enjoyed sound development.[1] GDP for the whole year is expected to exceed[2] 120 trillion yuan. Despite a global food crisis[3], we have secured[4] a bumper harvest for the 19th year in a row, putting us in a stronger position to ensure the food supply of the Chinese people[5]. We have consolidated our gains in poverty elimination and advanced rural revitalization across the board.[6] We have introduced tax and fee cuts and other measures to ease[7] the burden on businesses, and[8] made active efforts to solve the most pressing difficulties of high concern to the people.

1. 根据我们的分析，第一句中有三个动词，结果译文在这里分译了，原因是什么呢？简单来说，这里处理为三动词结构是可以的，但是处理为双动词结构更加简单。而且，本句中的第三句说了一个具体的数字，和前两句相比还是较为具体的，前两句相对抽象，所以分译是可以接受的。

2. 本句的谓语是"预计……超过"，也是双动词结构，翻译为伴随结构较好，也就是第一个动词处理为核心动词 be expected to，第二个动词处理为二谓语不定式 to exceed，这也是很好的结构。

3. 第二句的第一个动词"面对"并没有翻译，而是直接用连词 despite 引导让步状语，即运用了"四谓语不译"的方法，这也是汉译英中最难的点，希望大家理解之后再慢慢巩固。

4. 第二句的第二个动词"实现"翻译为"锁定"secure，非常合适。

5. 第二句中的第三个短句"中国人的饭碗端得更牢了"理解为"把中国人放在一个能够确保吃得饱饭的位置上"，这种译法可以算是"<u>意译</u>"。其实你只要理解了这句话的意思，这么翻译是可以的。

6. 这里对第三句中的四个动词进行了分译，这种分译完全是为了分译而分译，<u>只是为了让句子不要过长，更加有层次性、有结构性</u>。

7. 句中的"为企业纾困解难"实际上是目的状语，也是二谓语结构，翻译为不定式 to ease。

8. 注意两个句子之间一定要有连接，这里是表示并列关系的连接，用 and 更加合适。

第三步：重读

正：The Chinese economy has remained the second largest in the world[1] and enjoyed sound development. GDP for the whole year is expected to exceed 120 trillion yuan. Despite a global food crisis, we have secured a bumper harvest for the 19th year in a row, putting us in a stronger position to ensure the food supply of the Chinese people. We have consolidated our gains in poverty elimination and advanced rural revitalization across the board. We have introduced tax and fee cuts and other measures to ease the burden on businesses, and made active efforts to solve the most pressing difficulties of high concern to the people.（此版本来源于新华社官方参考译文。）

1. 这句原本的主语是"我们"，翻译为 China 非常合适，但是这里换成了 the

Chinese economy，这就不是谓语的问题了，而是主语的问题。这也是第十一天重要的学习内容——换主语，请大家不要着急，我们慢慢学！

通过例句7我们可以看出，非文学翻译中存在较多分译的情况，但是也不是说合译就不存在，分译与合译还是需要动态调整的。

五、总结今天的内容

在今天的学习中，我们主要讲了汉译英的连接问题，这是汉译英的重点。英文里句与句之间需要连接，词组与词组之间也需要连接，它们之间如何连接，使用什么样的连词，句与句之间的关系如何判断，这些都是重点的内容。特别是在后半部分中，我们又讲了重要的分译与合译问题。

宏观上来说，在翻译这项活动中，无论是英译汉，还是汉译英，我们常常将长句分成短句，然后一句一句地翻译，而由于上下文的联系，也可以把短的句子放在一起翻译。在非文学翻译中，一般按照正常句子结构翻译即可，不太需要考虑分译与合译的问题。但是在文学作品中，分译与合译出现得特别多，一定要读懂上下文内在的关系；或者由于句子的某个部分过长而导致分译，这些都没有固定的翻译方法，而且每个译者的尺度也是不同的，但是重要的前提就是句意正确和整句通顺。

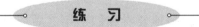

练 习

一、请回答下列问题

1. 中英文的句式差异是什么？
2. 汉译英时句与句之间或词组与词组之间该如何处理？
3. 分译与合译分别指什么？一般如何使用？

二、汉译英段落翻译

诸位毕业同学：你们现在要离开母校了，我没有什么礼物送给你们，只好送你们一句话罢。

这一句话是:"不要抛弃学问。"以前的功课也许有一大部分是为这张毕业文凭,不得已而做的,从今以后,你们可以依自己的心愿去自由研究了。趁现在年富力强的时候,努力做一种专门学问。少年是一去不复返的,等到精力衰时,要做学问也来不及了。即为吃饭计,学问决不会辜负人的。吃饭而不求学问,三年五年后,你们都要被后进少年淘汰掉的。到那时再想做点学问来补救,恐怕已太晚了。

有人说:"出去做事之后,生活问题急需解决,哪有工夫去读书?即使要做学问,既没有图书馆,又没有实验室,哪能做学问?"

我要对你们说:凡是要等到有了图书馆方才读书的,有了图书馆也不肯读书。凡是要等到有了实验室方才做研究的,有了实验室也不肯做研究。你有了决心要研究一个问题,自然会撙衣节食去买书,自然会想出法子来设置仪器。

至于时间,更不成问题。达尔文一生多病,不能多做工,每天只能做一点钟的工作。你们看他的成绩!每天花一点钟看10页有用的书,每年可看3600多页书;30年可读11万页书。

诸位,11万页书可以使你成一个学者了。可是,每天看三种小报也得费你一点钟的工夫;四圈麻将也得费你一点半钟的光阴。看小报呢?打麻将呢?还是努力做一个学者呢?全靠你们自己的选择!

易卜生说:"你的最大责任是把你这块材料铸造成器。"

学问便是铸器的工具。抛弃了学问便是毁了你们自己。

再会了!你们的母校眼睁睁地要看你们十年之后成什么器。

第十一天

突破中文里的主语问题

一、简单说说中英文主谓搭配问题

中英文除了前面所说的三大差异之外，实际上还有很多小的差异，主谓搭配的不同就是这样一种差异。请大家先看下面一个句子，然后再来分析换主语的问题。

例如　中国的海洋资源十分丰富。

误：*China's marine resources are very rich.*

分析：这句话确实符合字对字的翻译，但是在翻译之后我们发现英文中的主语过长，而系词和表语过短，这样就会造成主谓不平衡现象，所以我们认为这样的翻译不妥当。

正确的译文：China is rich in marine resources.

分析：这样翻译出来，主语由原来的"海洋资源"变成"中国"，而"海洋资源"变成状语，主语由原来的三个单词变成了现在的一个单词，而且整个句子分布也很均匀。

根据以上的分析可以得知，<u>中文的主语较长，谓语和宾语较短，而英文则是主谓宾分配比较均匀</u>，所以我们也把中文称为"非平衡性语言"，而把英文称为"平衡性语言"。中文不平衡的原因是由于要强调句子中的某个成分，中文的强调一般是将句子的某个部分变长,而英文中却有固定的强调结构,不需要特别地将某个部分变长。

二、换主语的翻译①

中英文的差异导致了句子的主谓在长短上有一定的差异,所以我们在翻译的时候要考虑到"换主语"的问题,上面的例子中就是将原有的主语"海洋资源"换成了"中国"。一般来说,汉译英换主语有三种情况。

第一种:主语过长且出现偏正短语时,我们可以将偏正短语中的"偏"做主语,然后再处理"正"的问题。

例句 1 合营企业的形式为有限责任公司。

误:The form of an equity joint venture is a limited liability company.

分析

这句话在翻译的过程中没有注意到中文语句的特点,也没有考虑到主谓搭配的问题,造成主语 the form of an equity joint venture 和表语 a limited liability company 过长,而系动词过短的尴尬局面,所以上面版本的译文不太恰当。

第一步:分析生动连

合营企业的形式为有限责任公司。

分析谓语动词和连词:

这个例句是短句,没有分句,不存在分堆的问题。但是翻译时是否应该把谓语译成"是"呢?很显然不应该,因为在上面版本的译文中用 be 动词做了谓语,而导致了句子的不平衡。所以,我们考虑用换主语的方法来处理这个句子。

第二步和第三步:翻译和重读

正:An equity joint venture[1] shall take the form of[2] a limited liability company.[3]

---

① 本部分所有句子节选自庄绎传编著的《英汉翻译教程》中的《中外合资企业经营法》一文,参考译文也选自于本书。

1. 句子原有的主语是"形式",但是根据"偏正短语取偏做主语"的方法判断出主语是"合营企业",因而重新处理这个"正"——形式。

2. 这里我们把谓语"是"翻译为 shall take the form of,这样才能更好地处理"正"的问题。其实本句的核心谓语为 shall take,以上解释为 shall take the form of 是为了更容易理解。

3. 通过换主语的翻译处理,整个句子的主、谓、宾变得很平衡。从数量上来说,主、谓、宾都是四五个单词,实现了"英文是平衡性语言"的要求。

在这个句子的翻译过程中,我们要注意专业名词的翻译和换主语的问题。

例句 2 合营者的注册资本如果转让必须经过各方同意。

误: *One side assigns its registered capital must be agreed by each party to the venture.*

分析

上面版本的译文没有处理好动词之间的关系,原句中说了两件事情,但是译文只有一个主语,所以上面版本的译文错误的。而且,原文的词语如"同意"翻译为 agreed by 确实不太符合法律专业英语的翻译原则。

第一步:分析生动连

合营者的注册资本如果转让必须经过各方同意。

分析谓语动词和连词:

本句虽然很短,但是包含的内容很丰富。前面首先出现了一个条件状语从句,说到了"转让注册资本"。后面又有一个句子,这个句子才是主句,说到了"转让注册资本"这件事情"必须经过各方同意"。根据以上的分析,需要把这个句子前面的内容翻译为条件状语从句,后面的内容翻译为主句。

前面句子中的谓语动词是"转让",所以此句可以转化为"如果转让合营者的注册资本"。但是这样一来句子就没有主语了,需要换主语。偏正短语中的"合营者"可以作为主语,这个句子最终变为"如果合营者转让注册资本"。后面一个句子缺少主语,所以增加一个主语"这件事情"。

从以上的分析来看，汉译英时，我们把中文的句子变成"<u>中文的英文语序</u>"，这样的话，翻译时只需要字对字地翻译就可以了。

>
>
> "中文的英文语序"指的是将较难的中文句式变为英文的语言结构。这样可以让汉译英变得更加简单。
>
> **例如** 合营者的注册资本如果转让必须经过各方同意。（这是中文的语序。）
>
> 如果合营者转让注册资本，那么这件事就必须经过合营各方的同意。
>
> （这是英文的语序，翻译起来比较容易，汉译英时我们经常这么做。）

第二步和第三步：翻译和重读

正：If any of the joint venturers wishes to[1] assign its[2] registered capital[3], it[4] must obtain the consent of[5] the other party to the venture.

1. wishes to 在这里起到的作用是"<u>谓语动词的过渡</u>"。

2. its 是物主代词，在汉译英时，我们要注意在名词前使用物主代词。

3. registered capital 指的是"注册资本"。

4. it 在这里指前面的条件状语从句，即"如果合营者转让注册资本"这件事情。

5. 首先，"同意"使用了 consent 这个单词，这很符合法律专业英语准确性的特点。其次，我们在翻译时，还处理了强势动词 consent，使用了"<u>谓语动词的过渡</u>"，用 obtain 进行过渡。

在翻译例句 2 的过程中，我们要注意"<u>中文的英文语序问题</u>"和换主语的问题，还要注意一些专业名词的翻译。

 合营企业的有关外汇事宜，应遵照《中华人民共和国外汇管理条例》办理。

误：The foreign exchange transactions of an equity joint venture are according to Regulations on Foreign Exchange Control of the People's Republic of China to handle.

分析

在上面版本的译文中，专业名词的翻译基本正确，但是在句式上存在着很多问题。according to 这个短语不可以当作表语来使用，这个短语只能做介词短语；在句末又出现了 handle 这样一个目的状语，很显然翻译得不够通顺。所以，我们可以认为这个译文是错误的。

第一步：分析生动连

合营企业的有关外汇事宜，应遵照《中华人民共和国外汇管理条例》办理。

分析谓语动词和连词：

在逗号处的分译没有问题，因为逗号前面是主语，逗号后面是整个句子的谓语和宾语。错误之处在于，没有充分考虑到"办理"的作用和特点。

所以，我们应该考虑将例句3变为"中文的英文语序"：合营企业办理有关外汇事宜，应遵照《中华人民共和国外汇管理条例》。

这样，我们很快能看出这个句子的结构和前后关系，主语是"合营企业"，谓语是"办理"，宾语是"有关外汇事宜"，状语是"应遵照《中华人民共和国外汇管理条例》"。有同学又要问："为什么要把'办理'这个单词放在前面呢？"首先，因为法律专业英语遵循中文最根本的规律"先出主语，再说'废话'，最后说主要内容"。其次，因为主语"合营企业的有关外汇事宜"可以看作是"偏正短语"，根据"偏正短语取偏做主语"，于是就形成了以上的"中文的英文语序"。

第二步和第三步：翻译和重读

正：An equity joint venture shall handle its foreign exchange transactions[1] in accordance with[2] *the Regulations on Foreign Exchange Control of the People's Republic of China*[3].

1. 根据换主语和找谓语的特点把句子翻译为这个结构。

2. "遵照"在句中是一个动词，在这里处理为介词，这也属于"谓语动词的层次性"问题。

3. "《中华人民共和国外汇管理条例》"是固定用法，可以翻译为 the Regulations on Foreign Exchange Control of the People's Republic of China。

翻译例句3时需要注意如何找到句子的谓语，在换主语时分清什么是主语、什么是宾语，还有专业名词的翻译问题。

例句4 合营企业所需要的原材料、燃料、配套件等，应尽先在中国购买，也可由合营企业自筹外汇，直接在国际市场上购买。

误：Raw materials, fuels, and auxiliary equipment and so on of an equity joint venture need to be purchased in China and may purchase on the international market directly with foreign exchange raised by itself.

分析

例句4的翻译确实有一定难度。以上版本的译文既没有考虑分译与合译的问题，也没有找到合适的主语。译文的主语和谓语不搭配，不通顺，不能使读者明白其中的意思。这样的译文较差，在考试中根本不会得分。

第一步：分析生动连

合营企业所需要的原材料、燃料、配套件等，应尽先在中国购买，也可由合营企业自筹外汇，直接在国际市场上购买。

分析谓语动词和连词：

这个句子说了两件事情，第一件是"在中国购买这些材料"，第二件是"在国际市场上购买"，所以需要在中间分译，前后形成两个句子。

第一个句子的主语比较模糊，看起来好像是"原材料、燃料、配套件"，但是这和后面的谓语又不搭配，所以需要换主语。根据"偏正短语取偏做主语"，主语就是"合营企业"。第二个句子的主语也可以认为是"合营企业"，但是在翻译的时候用代词就可以了。

第二步和第三步：翻译和重读

正：In its purchase of required raw and processed materials, fuels, and auxiliary equipment, etc.,[1] an equity joint venture should give first priority to purchases[2] in China. It[3] may also make such purchases[4] directly on the world market with foreign exchange raised by itself[5].

1. 这个状语处理得很巧妙，把句子的原始主语"原材料、燃料、配套件等"翻译成了状语 in its purchase of required raw and processed materials, fuels, and auxiliary equipment, etc.，而且在翻译时要注意专业名词"原材料、燃料、配套件"的译法。

2. 换主语之后，谓语变成了"购买"，但是在翻译中，我们用了"<u>谓语动词的过渡</u>"，把状语"首先"翻译为谓语动词，把"购买"翻译为名词，这样的过渡很符合法律专业英语的要求。

3. 在这里<u>分堆</u>之后，后面的句子缺少主语，我们用 it 来替代"合营企业"。

4. 这里对"购买"的翻译仍然用了"<u>谓语动词的过渡</u>"，翻译为 make such purchases of。

5. raised by oneself 表示"由某人自筹"的意思，要注意这些法律专业英语词汇的翻译。

总体来看，这个句子的主语比较模糊，但是根据主谓搭配的问题，我们可以使用"<u>偏正短语取偏做主语</u>"的译法来找到主语。这一版本译文中很好地处理了原始主语的问题。最后还是要提醒大家注意法律专业英语词汇的翻译问题。

以上就是关于"<u>偏正短语取偏做主语</u>"的例子，同学们要记住在主语和谓语不平衡的情况下认真考虑"主语是什么"的问题。

第二种：在中文里找到"隐藏主语"。

"隐藏主语"这个话题和"隐藏被动语态"相似。中文里的主语不是十分明确，有时甚至把主语省略，或是句首有多个名词。所以，我们要善于在这些纷繁复杂的名词中找到最合适的名词作为句子的主语。请看以下的例句。

例句 5　正副总经理（或正副厂长）由合营各方分别担任。

误：*General manager or vice general manager(s) (or factory manager or deputy factory manager(s)) are appointed by each party to the venture.*

分析
如果不仔细阅读，我们就看不出上面版本译文中有任何错误之处。因为句中主谓宾非常明确，而且在翻译时注意到了关于被动语态的问题，但是仔细看就会发现句子的主语存在问题,"正副总经理(或正副厂长)"是不能"被担任"的,因为这两个都是某个具体的人,"被担任"的应该是"正副总经理(或正副厂长)的职务或职位",所以上面版本的译文是错误的。

第一步:分析生动连

正副总经理(或正副厂长)由合营各方分别担任。

这个句子比较短,所以不存在谓语动词和连接的问题。谓语很明确,但是在翻译的时候要注意有"隐藏被动语态",上面的分析已经提到了。

第二步和第三步:翻译和重读

正:The offices of general manager or vice general manager(s) (or factory manager or deputy factory manager(s)) ¹shall be assumed² by respective party to the venture³.

1. 这个句子的主语看似简单,但是在翻译的时候要找到隐藏在其中的主语——"职务或职位",所以翻译为 the office 最合适。而且,翻译这个主语时,还要注意有关"(s)"的用法,这是用来表示"可能有一个副经理或是有多个副经理",在法律专业语言中经常会有这样的问题出现。用中文表达时不需要讨论单复数,而用英语表达时则要格外小心。

2. 错误的译文将"担任"译为 appoint,实际上根据字典上的解释来判断我们才知道,"没有担任或将要担任"应该用 assume。

3. respective party to the venture 表示"合营各方"。

例句 5 的翻译比较简单,但是要注意找到"隐藏主语""隐藏被动语态",了解"担任"的翻译。

例句 6 出口产品可由合营企业直接或与其有关的委托机构向国外市场出售,也可通过中国的外贸机构出售。

误:Foreign products are sold by an equity joint venture to foreign markets directly through associated agency or foreign trade agency of China.

分析 例句 6 看上去主语明确,结构简单,翻译为被动语态合情合理,但是我们没有注意到法律专业英语的翻译特点，即法律专业英语翻译中，一般我们要把整篇文章的中心词作为主语。而上面版本的译文没有这么做，所以句子结构较差，翻译错误。

第一步：分析生动连

出口产品可由合营企业直接或与其有关的委托机构向国外市场出售，也可通过中国的外贸机构出售。

分析谓语动词和连词：

这个句子中间的"也"可以用连词连接，这样就可以翻译为一个句子，不需用逗号，也就是我们所说的"合译"。根据以上的分析可知，本句的主语不是"出口产品"。因为句子是一个被动语态，所以我们可以将其变成主动语态的句子，即变成"中文的英文语序"：

合营企业出口产品直接或通过与其有关的委托机构向国外市场出售，也可通过中国的外贸机构。

主语是"合营企业"，谓语是"出售"，宾语是"出口产品"，状语是"直接或通过与其有关的委托机构向国外市场"和"也可通过中国的外贸机构"。

第二步和第三步：翻译和重读

正：It (an equity joint venture) may sell its[1] export products on foreign markets[2] directly or through associated agencies[3] or China's foreign trade agencies[4].

1. 名词出现时不要忘记在其前面加物主代词，所以在这里用 its。

2. 主谓宾明确，而且还突出了整篇文章的主题"合营企业"，这也就是在句子当中找到"<u>隐藏主语</u>"。

3. associated agency 就是"有关的委托机构"的意思。

4. China's foreign trade agencies 可以认为是"中国的外贸机构"。

这个句子的主语很有可能找错。这样翻译是为了突出文章的主题，我们要"<u>把被动语态变成主动语态</u>"，而且要注意代词的出现和专业名词的译法。

例句 7　合营各方发生纠纷，董事会不能解决时，由中国的仲裁机构进行调解或仲裁，也可由合营各方协议在其他仲裁机构仲裁。

误：Each party to the venture happened disputes, when board of directors cannot settle may be arbitrated or conciliated by China's arbitration agency or by another arbitration agency agreed upon by each party to the venture.

分析

翻译例句7确实很难，因为在句首出现了很多名词，诸如"合营各方""纠纷"和"董事会"，而上面版本的译文却没有准确地找到主语，还把"董事会不能解决时"翻译为时间状语从句，所以译文的整个结构出现扭曲，按照翻译考试的要求就不能得分。

第一步：分析生动连

合营各方发生纠纷，董事会不能解决时，由中国的仲裁机构进行调解或仲裁，也可由合营各方协议在其他仲裁机构仲裁。

分析谓语动词和连词：

这个句子的分析难度比较大，因为我们不能确定主语是什么，也就无法判断哪个句子和哪个句子可以放在一起翻译。但是，找谓语应该说比较简单，"调解或仲裁"是核心谓语，其余也就没有什么重要的动词了。那么，句子的主语是什么呢？句首如果出现很多名词而判断不出主语时，我们使用的方法是根据谓语来判断主语。这个句子的谓语是"调解或仲裁"，所以我们判断主语应该是"纠纷"。这样一来，前面所有的句子结构都要发生变化。

第二步和第三步：翻译和重读

正：Disputes arising between the parties to an equity joint venture¹ which a board of directors has failed to settle² through consultation maybe settled through conciliation or arbitration³ by an arbitration agency of China or through arbitration by another arbitration agency agreed upon by the parties⁴.

1. "合营各方发生纠纷"中的"纠纷"变成了整个句子的主语，在这里我们可以用"主谓结构的偏正译法"将"合营各方发生纠纷"变成"合营各方发生的纠纷"，"的"前面是定语。在翻译时，将前面"合营各方发生的"翻译为现在分词 Disputes arising between the parties to an equity joint venture。

2. "董事会不能解决时"原本是一个时间状语从句，但是，由于"纠纷"变成了主语，这时状语也就变成了定语从句。

3. "调解或仲裁"是谓语,但是我们在翻译时进行了"谓语动词的过渡",翻译为 may be settled through arbitration or conciliation。

4. "由合营各方协议的"是一个定语,可以翻译为 agreed upon by the parties。

例句 7 的翻译难度较大,翻译时要注意在纷繁复杂的名词中找到主语,还要注意一些句子之间的变化。

找"隐藏主语"可能会让同学们比较困惑,特别是在多个名词中寻找一个主语,确实很不容易,但是我们只要加强练习,就一定能够快速而准确地找到主语。

第三种:无主语句的"就近原则"。

我们在学习语法时知道了什么是"就近原则",那么,翻译中的"就近原则"指的是什么呢?下面请看几个例句。

例句 8 鼓励合营企业向中国境外销售产品。

误:*Encourage an equity joint venture to sell products outside China.*

分析

例句 8 翻译出来之后变成了祈使句,很显然这是不正确的,法律条文不可以翻译为祈使句,它要有明确的主语;句中的名词前面没有物主代词也是错误的。

第一步:分析生动连

鼓励合营企业向中国境外销售产品。

这个句子较短,所以不存在分译或合译的问题。谓语动词也很清楚,就是"鼓励",但是由于没有主语,这个句子变成了"被动语态",这也就是我们经常说的"无主语句变被动语态"的译法。在"鼓励"之后有几个名词,我们就把离动词最近的"合营企业"作为主语,这就是"就近原则"。

第二步和第三步:翻译和重读

正:An equity joint venture[1] shall be encouraged to market its[2] products outside China.

1. 根据上面的分析,离动词最近的"合营企业"就是主语。

2. 注意在名词前需要使用物主代词。

本句的翻译需要正确地找到主语和注意物主代词的用法。

例句 9　鼓励外国合营者将可汇出的外汇存入中国银行。

误：Encourage a foreign side to deposit foreign exchange which was remitted abroad in bank in China.

分析

上面版本的译文和例句8的错误译文一样，都是翻译成了祈使句，而且在名词前也没有使用物主代词。

第一步：分析生动连

分析谓语动词和连词：

这个句子较短，所以不存在分译或合译的问题。在找谓语的过程中，我们发现这个句子没有主语，于是使用"无主语句变被动语态"的译法，然后利用"就近原则"找到主语，即"外国合营者"。谓语是"鼓励"。

第二步和第三步：翻译和重读

正：A foreign joint venturer shall be encouraged[1] to deposit in the Bank of China[2] foreign exchange which is entitled to remit abroad[3].

1. 根据分析，主语翻译为 a foreign joint venturer，谓语翻译为 shall be encouraged。

2. the Bank of China 是本句最难的译法，因为我们要弄清到底是"中国银行"还是"中国的银行"，根据分析，the Bank of China 比较准确。

3. "可汇出的"可以翻译为定语从句 which is entitled to remit abroad。

总体来看，例句9的翻译比较简单，需要解决的主要问题是：找到合适的主语，注意某些专业名词的译法。

三、总结今天的内容

今天我们又学习了一个新的知识——换主语。这是关于语言当中主谓搭配的问题，分清主语，找到谓语，就是汉译英的核心任务。

练 习

一、请回答下列问题

1. 什么是"平衡性语言"和"非平衡性语言"？
2. 中英文主谓搭配的特点是什么？
3. 汉译英时换主语的主要原则是什么？主要包括几种情况？
4. 什么是"中文的英文语序"？如何使用？
5. "隐藏主语"指什么？一般在汉译英时如何找到？
6. 什么是翻译中的"就近原则"？如何使用？

二、汉译英段落翻译

（一）

1949年新中国成立之前，中国曾经分别参加过1932年、1936年和1948年的奥运会，但是每次都是空手而归。为了在全国推广奥林匹克运动，弘扬奥林匹克精神，1949年后，在原中华全国体育协会的基础上改组，建立了中华全国体育总会（即中国奥委会）。1979年10月25日，国际奥委会执行委员会在日本名古屋召开会议，宣布恢复中国在国际奥委会的合法席位。1981年何振梁当选为国际奥委会委员，1985年当选为国际奥委会执行委员会委员，1989年最终当选为国际奥委会副主席。这表明了中国和国际奥委会的合作进入了一个新的阶段。1984年由353人组成中国代表团参加了在洛杉矶举行的第23届奥运会。中国选手在16个项目的角逐中，共摘得金牌15枚、银牌8枚和铜牌9枚。在本届奥运会，中国突破了奥运会金牌零的纪录，名列金牌榜第四。在其后的第25届和26届奥运会上，中国健儿均获得16枚金牌，排名世界第四。在2000年的悉尼奥运会上，中国体育代表团表现出众，首次荣登奥运会奖牌榜第三名，并创下本国奥运奖牌数之最，共获得28枚金牌，大大超过了亚特兰大奥运会上获得的16枚。运动健儿们在跳水、乒乓球、羽毛球、射击、举重、体操等优势项目上不负众望，均有金牌入账。

（二）

　　中国在鸦片战争中的战败，暴露了它在军事上的软弱和政治上的落后。西方列强发现迫使中国接受不平等条件是轻而易举的。因此，战后，英国包括其他西方国家，包括法国、德国、俄国和美国，还有东方的日本，或是单独或是联合对中国发动侵略战争，以不同的方式欺凌中国，以获取优惠、特权、赔偿、租借，甚至领土。一般来说，他们的目的都能达到。19世纪后半叶的中国历史就充满了这样的屈辱。由此，中国从一个有主权的封建国家，开始逐渐沦为一个半殖民地、半封建的国家。

突破中西方文化差异的翻译

一、简单说说中西方文化的差异

学习了十一天的英汉互译之后,我们逐渐了解到中西方语言的差异,实际上这种差异来源于中西方文化的差异。著名翻译家尤金·奈达曾经说过,语言的背后就是文化。想要学好一门语言先必须了解其文化,然后进行对比,才能认识到差异,最后再进行翻译。在接下来的学习中,我们将从习语的使用和中文语言的特点来讲解中西方语言的差异。

二、中文习语的使用

中文习语在英文中可以称为 idiom,中文里的习语包括成语、歇后语、习惯用语等。那么这些习语在英汉互译时应当怎样翻译呢?请看以下的例子。

例句 1 What makes the revolution especially English? Obviously, it began in England.(本句选自庄绎传编著的《英汉翻译教程》。)

误:什么让这场革命特别地英国呢?很显然,它起源于英国。

分 析

初读上面版本的译文，似乎它说出了原文的意思，但是实际上，译文没有注意到中英文语言的差异。译文中"特别地英国"让人无法理解，而且对原文中的代词 it 也没有具体化。所以，此句翻译不当。

第一步：断句

What makes the revolution especially English? /Obviously, /it began in England.

断句之后的分析：整个句子结构简单，前面是一个疑问句，后面是回答，没有任何难点。我们在翻译的过程中需要注意应当怎样理解 especially English，还有代词 it 应当如何具体化。

第二步：翻译

什么让这场革命具有英国的特色 [1] 呢？显而易见 [2]，这场革命 [3] 起源于英国。

1. especially English 中的 English 可以认为是抽象名词，在这里增动词和范畴词，于是就翻译为"具有英国的特色"。

2. obviously 这个单词可以表示"显然"的意思，但是在这里用习语更好，所以我们翻译为"显而易见"。当然，"不言而喻"也是可以的。

3. 我们在讲解代词翻译的时候曾经说过，代词指明要点，所以这里的 it 可以翻译为"这场革命"。

第三步：重读

正：什么让这场革命具有英国的特色呢？显而易见，这场革命起源于英国。（此版本来源于庄绎传编著的《英汉翻译教程》参考译文。）

翻译例句 1 时要注意代词的译法和抽象名词的译法，还要特别注意习语的使用。

例句 2　The land cracked and the springs dried up and the cattle listlessly nibbled dry twigs.（本句选自庄绎传编著的《英汉翻译教程》。）

误：土地裂了，春天干了，牛群也无聊地啃着干树枝。

分析

例句 2 是一个文学作品中的句子，同学们会发现上面版本的译文毫无文学之感，而且还有很多单词翻译得不知所云，所以以上的译文并不是一个好译文。

第一步：断句

The land cracked/and the springs dried up/and the cattle listlessly nibbled dry twigs.

断句之后的分析：这个句子是并列句，由三个小句子构成，中间还有一些文学词汇，所以翻译时最好能用四字短语。那样，句子的语言就会更加完美了。

第二步：翻译

土地龟裂[1]，泉水干涸[2]，牛群也无精打采地[3]啃着干树枝。

1. "土地裂开了"当然没有"土地龟裂"翻译得有文学色彩。

2. "春天也干了"源于springs这个单词没有深刻的认识，the springs dried up 翻译为"泉水干涸"才是正确的。

3. listlessly 原本的意思是"无聊地"，在这里为把牛群形容得更加拟人化，所以翻译为"无精打采地"比较好。

第三遍：重读

正：土地龟裂，泉水干涸，牛群也无精打采地啃着干树枝。（此版本来源于庄绎传编著的《英汉翻译教程》参考译文。）

这样的译文才有文学的色彩，而且中间的四字短语较多，更加符合中文的要求。

例句 3 可是我从头到脚淋成了落汤鸡。（本句选自庄绎传编著的《英汉翻译教程》。）

误：But I was drenched from head to foot like a chicken in the soup.

分析

例句 3 中有两个经典的短语，分别是"从头到脚"和"落汤鸡"，但是上面版本的译文都是用了直译的方法，翻译出来的句子意思牵强，不能为人所接受。

第一步：分析生动连

可是我从头到脚淋成了落汤鸡。

这是一个短句，所以没有分译的问题，直接翻译即可。至于这个句子的谓语，"淋成了"是最准确的谓语动词。

第二步和第三步：翻译和重读

正：But I was drenched[1] from head to toe[2] like a drowned rat[3].（此版本来源于庄绎传编著的《英汉翻译教程》参考译文。）

1. "淋"这个字用 drench 翻译比较准确和合理。

2. "从头到脚"可以翻译为 from head to toe，用 from head to foot 比较少见。

3. a drowned rat 就是中文里"落汤鸡"的表达。在中文里，"落汤鸡"是指掉在热水里的鸡，用来比喻人浑身湿透的狼狈相；而在西方，由于下水管道铺设得比较多，容易滋生老鼠和其他一些害虫，下雨的时候，从下水道里经常会漂上来一些老鼠，这些老鼠也都是溺水而亡的，所以在西方，把被雨淋的人称为 a drowned rat。只有掌握了两种语言之间的差异，我们才能够更好地翻译语言。

翻译例句 3 时主要需注意几个习语的翻译，还要注意"淋"是被动语态。

例句 4　长相好看的人用不着浓妆艳抹。（本句选自庄绎传编著的《英汉翻译教程》。）

误：Beautiful people do not need many many heavy makeups.

分析

例句 4 更加简单，里面只有"浓妆艳抹"这个词组比较难翻译，但是上面版本的译文对"浓妆艳抹"的翻译让人不知所云，所以在接下来的翻译中要注意这个单词的意思。

第一步：分析生动连

长相好看的人用不着浓妆艳抹。

这个句子比较简单，不需要分译。谓语也很明确，就是"用不着"。

第二步和第三步：翻译和重读

正：Physically attractive people[1] do not need heavy makeup[2].（此版本来源于庄绎传编著的《英汉翻译教程》参考译文。）

1. "长相好看的人"用 beautiful 来形容似乎有点过分，因为一般人的长相不可能到 beautiful 的程度，这种人一般都是长相出众。而"长相好看的人"用 physically attractive people 已经足够了，其中的 attractive 也不一定非要是"吸引人的"意思，形容一般人长得好看都可以用这个词。

2. heavy makeup 也就是"浓妆艳抹"了，这个四字短语的翻译很有特点。

下面来说说中文四字短语的翻译。

> 中文里四字短语的翻译可以简单地分为以下三种情况。
>
> 第一种属于 AABB 型，比如干干净净、漂漂亮亮、高高兴兴等。翻译这类词组时，把它们化为 AB 来翻译就可以了，也就是说把"干干净净"化为"干净"来翻译，即 clean，其余两个是"漂亮"beautiful 和"高兴"happy。
>
> 第二种属于 ABA′B′ 型，比如兴高采烈、浓妆艳抹等。同理，对这类词组可化为 AB 或 A′B′ 来翻译，因为表达的都是同一个意思。"兴高采烈"可化为"兴高"，翻译为 happy，"浓妆艳抹"可化为"浓妆"，翻译为 heavy makeup。
>
> 第三种属于 ABCD 型，比如说锐意进取、自强不息等。在中文里这类词组比较多，在翻译时应该用简单解释的方法。所以，"锐意进取"可以翻译为 forge ahead with determination，而"自强不息"可以翻译为 strive to strengthen oneself constantly。这类词组翻译起来难度要大一些，需要有较好的中文功底，把词组的意思用英文解释清楚就可以了。

例句 5 近百年来，为了摆脱半殖民地半封建的历史境遇，中国人民进行了艰苦卓绝、奋发图强的斗争。（本句选自《江泽民主席 1997 年在哈佛大学的讲话》。）

误：In the past one hundred years, to get rid of the historical situation of semi-feudal and semi-colonial, the Chinese people started hard-working and tireless efforts struggles.

分析

上面版本的译文在翻译上出现了很多问题：有两个状语在句首时，我们应当考虑改变它们的位置，而不是都放在前面翻译；后面对"半殖民地半封建的历史境遇"的翻译也没有让读者明白其意思；"艰苦卓绝、奋发图强"的翻译直接套用了前面一句话的译法，所以肯定是错误的。

第一步：分析生动连

近百年来，为了摆脱半殖民地半封建的历史境遇，中国人民进行了艰苦卓绝、奋发图强的斗争。

分析谓语动词和连词：

这个句子的句首有两个状语，所以我们在翻译时可以将一个放在句首，另一个放在句末，这样会显得句子比较平衡。整个句子的谓语是"进行了"。"进行斗争"的英文有固定用法，而不是译文中的 start。

第二步和第三步：翻译和重读

正：In the past one hundred years or so, the Chinese people waged arduous[1] struggles[2] to lift themselves from[3] the historical plight[4] under semi-colonial and semi-feudal rule[5].（本句选自《江泽民主席1997年在哈佛大学的讲话》的官方译文。）

1. "艰苦卓绝、奋发图强"可以翻译为一个单词 arduous。这也是<u>一种四字短语的翻译方法</u>，在遇到<u>两个意思相近的词</u>时，我们可以用<u>一个单词</u>来替代这两个词，这样会显得比较简洁明了。

2. wage struggles 表示"进行斗争"的意思，这是一个固定用法，不可以改变。

3. "把……从……中拯救出来"可以翻译为 lift oneself from，而不是简单地翻译为 get rid of。

4. historical plight 指的就是"历史境遇"，而如果用了 situation，则显示不出来贬义。

5. "半殖民地和半封建的"在这里是一个形容词短语，翻译时进行了增词，即增加一个对象词，指的是"半殖民地和半封建的（统治）"，最终翻译为 semi-colonial and semi-feudal rule。

翻译例句 5 时首先要注意其中的专业名词，然后还要注意句式结构，最后就是要注意两个意思相近的四字短语应该如何翻译。

例句 6　今天在邓小平理论的指引下，我国人民坚定不移地实行改革开放，在现代化建设中取得了举世瞩目的成就。（本句选自《江泽民主席 1997 年在哈佛大学的讲话》。）

误：Today, under the guidance of Deng Xiaoping Theory, our Chinese people stubbornly carried out Reform and Opening-up and gained wonderful achievements in the modernization construction.

分析

上面版本译文的错误之处就在于：没有翻译好四字短语，stubbornly 表示"顽固地"，但用在这里似乎有些贬义，所以错误；wonderful 用来表示"举世瞩目的"也有些欠妥当；本句中的专有名词较多，"现代化建设"翻译为 the modernization construction 也是错误的。

第一步：分析生动连

今天在邓小平理论的指引下，我国人民坚定不移地实行改革开放，在现代化建设中取得了举世瞩目的成就。

分析谓语动词和连词：

这个句子的前面部分是时间状语和条件状语，后面部分是两个并列的句子，两个句子中间可以用 and 来连接。因为是并列句，所以句子可以有多个谓语，第一个句子的谓语是"实行"，第二个句子的谓语是"取得了"。根据以上的分析，我们就可以开始翻译了。

第二步和第三步：翻译和重读

正：Today, under the guidance of Deng Xiaoping Theory[1], the Chinese people firmly[2] are pressing ahead with the reform and opening-up[3] and have achieved remarkable⁴ successes in the modernization drive⁵.（本句选自《江泽民主席1997年在哈佛大学的讲话》官方译文。）

1. "邓小平理论"是一个专有名词，翻译为 Deng Xiaoping Theory。

2. "坚定不移地"翻译为 firmly 比较合适。"坚定不移"这个四字短语属于 ABCD，需要进行解释，所以翻译为 firmly。

3. "实行改革开放"是固定用法，应翻译为 press ahead with the reform and opening-up。

4. "举世瞩目的"翻译为 remarkable 比较合适。"举世瞩目"这个词组属于 ABCD 型，需要进行解释。

5. "现代化建设"是固定用法，应翻译为 the modernization drive。

总体来看，例句6的句子结构平稳，但是词汇比较难。在翻译的时候，我们还是要学会多记住一些专有名词，不能只顾着看结构。

以上就是关于一些习语的翻译。从上面的例子可以看出，我们在做翻译的时候，不但要会翻译四字短语，而且要了解中西方文化的特点和差异，这样才能准确地运用语言进行文化传播。

三、体会中西方文化的差异

我们不可能在短时间内深刻了解中西方文化的差异，这里通过以下几个句子的翻译来给同学们展示一些中国文化中特有的说法，并且让同学们从中体会出这些具有"中国特色"的单词该如何翻译。

例句 7 解放以后，我在我们自己的剧团，中国评剧院工作了。（本句选自庄绎传编著的《英汉翻译教程》。）

误：After liberation of China, I worked in our own opera theater, China Pingju Theatre.

分析

例句7的内容很有中国特色，其中的"解放"和"评剧"都很有中文特点，也是中文里特有的词汇，但是上面版本的译文在翻译时没有充分考虑到这些，所以整个句子翻译错误。

第一步：分析生动连

解放以后，我在我们自己的剧团，中国评剧院工作了。

分析谓语动词和连词：

这个句子的前面部分是时间状语，后面部分是主句，主句中有一个同位语"中国评剧院"。句子的谓语也只有一个，即"工作"，翻译本句时不需要考虑连词的问题。

第二步和第三步：翻译和重读

正：After Liberation[1], I began to work[2] in our own opera troupe[3], the China *Pingju* Theatre[4].（此版本来源于庄绎传编著的《英汉翻译教程》参考译文。）

1. "解放"是中文里特有的词汇，我们在这里用直译法，翻译为 Liberation，而且首字母要大写，表示特指。

2. began to work 实际上是对 work 的一种过渡，这属于"谓语动词的过渡"。

3. "剧团"的专有说法是 opera troupe。要注意 opera 和 drama 的区别，前者是带有音乐的歌剧，后者是话剧，一般没有音乐。

4. "评剧"也是中国特有的一种戏剧种类，在国外没有，所以直接用汉语拼音写，翻译为 Pingju，且要用斜体。

例句7结构简单，但是句中出现了一些中国元素的词语，在翻译的过程中，我们要注意使用什么样的方法来翻译这些词语。

例句 8 卫老婆子叫她祥林嫂，说是自己母家的邻舍，死了当家人，所以出来做工了。（本句选自庄绎传编著的《英汉翻译教程》。）

误：Wei Lao Po Zi called her wife of Xianglin, saying she was a neighbor of her mother's family, her husband died, so she went out to work.

分析

例句8的翻译属于文学作品的翻译，确实有一定的难度。上面版本的译文没有逻辑，专有名词翻译错误，句与句之间没有任何连接，可谓错误百出。

第一步和第二步：分析生动连

卫老婆子叫她祥林嫂，说是自己母家的邻舍，死了当家人，所以出来做工了。

分析谓语动词和连词：

这个句子的逻辑很复杂，体现了<u>中文是意合语言</u>的特点，必须了解上下文的意思后才能翻译出来。第一个句子和第二个句子可以说是同位语关系，第一个句子实际上是主句，它和第四个句子形成并列关系，第三个句子是原因状语从句。关系明确后，就剩下找谓语的问题了。主句的谓语是"叫"，并列句子的谓语是"出来做工"，原因状语从句的谓语是"死了"。

第二步和第三步：翻译和重读

正：Old Mrs. Wei[1] introduced[2] her as Xianglin's wife, a neighbor of her mother's family, and[3] she went out to work because her husband had been[4] dead.（此版本来源于庄绎传编著的《英汉翻译教程》参考译文。

1. old Mrs. Wei 是一种贬义的说法，因为"卫老婆子"在这篇文章中就是一个反面人物。所以，我们翻译"张老头子"时可以用 old Mr. Zhang。

2. "叫"这里翻译为 introduced。读过这篇文章的同学都知道，四叔和四婶家里缺佣人，所以卫老婆子才把祥林嫂带来，这里用"介绍"十分合适。

3. and 在这里表示两个并列句之间的关系。

4. 最后这个从句用过去完成时表示"她的丈夫"在过去的过去"已经去世了"。

这个句子很有中文的特点，特别是逻辑关系不清晰，所以我们翻译的时候首先要判断每个句子之间关系，确定了每个句子之间的关系，然后再看看有哪些具有中国特色的词语，最后翻译出整个句子。

例句9　她高兴地说："你可真是巧手啊！现在不打毛线了，又换了纺线。"原来她刚才是看了我演的《刘巧儿》。（本句选自庄绎传编著的《英汉翻译教程》。）

误：She happily said, "You are really clever hands. Now you do not knit and you spin instead." She had seen me playing in Liu Qiaoer.

分析

例句9的翻译没有什么难点，但是在翻译时要注意一些词汇的问题，比如"巧手"怎么翻译，《刘巧儿》怎么翻译等。上面版本的译文没有很好地处理这些问题，所以造成了一些错误。

第一步：分析生动连

她高兴地说："你可真是巧手啊！现在不打毛线了，又换了纺线。"原来她刚才是看了我演的《刘巧儿》。

分析谓语动词和连词：

整个句子是由前后两个句子构成。前面的句子带有直接引语，核心谓语是"说"，注意翻译时需要把引号保留。后面的句子是主谓宾结构，核心谓语是"看了"。两个句子分别是独立的，所以可直接翻译，不需要考虑连接问题。

第二步和第三步：翻译和重读

正：She told me gaily, "You really have[1] clever hands! You've stopped knitting now to take up spinning now[2]." She had just seen me playing in *Liu Qiaoer*[3], in which the heroine spins[4]. （此版本来源于庄绎传编著的《英汉翻译教程》参考译文。）

1. "真是巧手"其中的"是"不是系表结构，而是表示"拥有"的含义，所以我们可以翻译为 have。

2. "现在不打毛线了，又换了纺线"表示停止做一件事情而去做了另外一件事情，所以用 stop doing to do 的结构很合适。

3. "《刘巧儿》"是一个有中国特色的词，在英文中没有对应的单词，所以我们在翻译的时候直接用拼音代替，但是注意要用斜体来书写。

4. 增加这个句子为的是解释《刘巧儿》，从而让读者明白这个有中国特色的词语到底是指什么。

例句9的翻译没有什么难点，但是要注意其中有中国特色的词语该如何翻译，而且要注意有些词语不能按照其本身的意思来翻译，而是要分析它是否还可能有其他的意思。

例句 10　腊月二十三封箱，把祖师爷请到台前去，后台冷冷清清，演员们就更苦了。（本句选自庄绎传编著的《英汉翻译教程》。）

误：23 in Layue, sealing the box, the Master was invited to the front stage and the back stage was cool, and actors were much worse.

分析

例句 10 逻辑关系不是很明确，而且词汇的翻译难度较大，比如"腊月""封箱""祖师爷"等词都不是我们通常用的词语，所以在翻译的时候要弄懂其中的意思才行。上面版本的译文用了直译的方法，在句子的连接上存在很多问题，可以认定为错误的译文。

第一步：分析生动连

腊月二十三封箱，把祖师爷请到台前去，后台冷冷清清，演员们就（是）更苦了。

分析谓语动词和连词：

第一个句子是时间状语从句，第二个句子是主句，第三个句子是伴随状语，最后一个句子和第二个句子并列。通过分析我们发现，这个句子的核心谓语是"请到"和"是"，其余的都是非谓语动词或从句，也就是二谓语的结构。

第二步和第三步：翻译和重读

正：On the twenty-third of the twelfth lunar month[1], when theaters closed[2], the patron saint of actors[3] was invited to the front stage, leaving the back stage deserted[4], and actors were much worse off.（此版本来源于庄绎传编著的《英汉翻译教程》参考译文。）

1. "腊月二十三"指的是"中国农历十二月二十三号"，所以翻译为 the twenty-third of the twelfth lunar month 很合适。

2. "封箱"一般指的是演出行业到了快过年的时候停止演出了，最后的关门叫"封箱"，所以翻译为 theaters closed 也很合适。

3. "祖师爷"的译法比较难，如果翻译为 master，则指这个行业杰出的人；但是"祖师爷"往往指的是"既是杰出的人，又是这个行业的创始人"，所以翻译为 the patron saint of...。这个词语的翻译很难，可能外国人读后不能深刻地理解，所以在翻译完之后，可以在页面底部用脚注的方式来解释一下什么是"祖师爷"，这也是翻译中国特色词语的方法之一。

4．"冷冷清清"属于四字短语的 AABB 型，所以只需要翻译 AB。但是，为了突出这种感情色彩，所以翻译为 deserted 最为合适。

例句 10 中有较多的中国元素，而且很多的词语我们可能都不知道是什么意思，这时我们就要借助于网络和字典来弄清楚它们的意思，然后再进行翻译。

通过以上几个例句来简单说了说中国特色词汇的翻译之后，我们总结一下翻译这类词语的方法。一般来说，有以下<u>三种译法</u>。

第一种：直译法，没有英文对应词的，用拼音来表示这个词；有英文对应词的，用对应的英文单词来表示。

第二种：用增词的方法来进行解释。

第三种：在页面的底部用脚注的方法向读者解释句子中不容易被理解的部分。

四、总结今天的内容

今天我们主要通过讲解习语的译法和有中国特色词汇的译法让同学们对中西方文化差异有初步的了解。但是，这些例子是远远不够的，我们要在平时的实践中多积累相关知识，这样才能在翻译时运用。也希望同学们多读关于中国文化和西方文化的书籍，不但能提高自身的修养，而且能解决这类专业名词的翻译问题。

练 习

一、请回答下列问题

1．中文的四字短语一般如何翻译为英文？

2．中文里对于意思相近的两个词，一般采用怎样的翻译方法？

3．如何翻译有中国特色的词汇？

二、汉译英段落翻译

（一）

海洋覆盖了地球表面的71%，是全球生命支持系统的一个基本组成部分，也是资源的宝库，环境的调节器。人类社会的发展必然会越来越多地依靠海洋。

即将来到的21世纪是人类开发和利用海洋的新世纪。维护《联合国海洋法公约》确定的海洋法律的原则，维护海洋健康，确保海洋资源的可持续利用和海上安全，已经成为人类共同遵守和共同负担的使命。

中国是一个发展中沿海大国。中国高度重视海洋的开发和保护，把发展海洋事业作为国家的发展战略，加强海洋综合管理，不断完善海洋法律制度，积极发展海洋科技教育。中国积极参与联合国系统的海洋事务，推进国家间和地区间海洋领域的合作，并认真履行自己承担的义务，为全球海洋开发和保护事业做出了积极的贡献。

（二）

欢迎大家参观"丝绸之路游"。为期两周的游览将成为你一生中最为难忘的经历之一。

丝绸之路的历史可以追溯到公元前二世纪，当时一名官员、朝廷的使者张骞沿着这条连接欧亚两大洲的贸易通道出使西域。这条通道源于长安城（即今天的西安），一路穿越陕西省、甘肃省境内的河西走廊、新疆的塔里木盆地、帕米尔山区、阿富汗、伊朗、伊拉克及叙利亚，最后抵达地中海的东岸，全程七千公里，其中有四千多公里的路程在中国境内。

终 章

英汉互译的要点

一、英汉互译要点总结

十二天的学习结束了，我们现在把前面讲过的所有知识进行总结，这样可以让同学们更好地和更加清楚地记住这些要点。这里总结为"3+2+5+1+10"，以便于我们在以后的学习中使用。

第一，三大差异——3。

中文善于用短句，且用逗号隔开；英文善于用长句，不用标点。

中文善于用动词，属于动态性语言；英文善于用名词，属于静态性语言。

中文是意合式语言，句与句之间的连词比较少；英文是形合式语言，句与句之间的连词较多。

第二，两个步骤——2。

1. 英译汉的主要步骤：第一步断句，第二步翻译，第三步重读译文。

2. 汉译英的主要步骤：第一步分析生动连，第二步翻译，第三步重读译文。

英译汉时，我们遇到的句子类型可分为四种，如表12-1所示。

第三，五大规律——5。

1. 谓语动词的过渡（英译汉时常用）。在英译汉时，若出现了前后两个动词，而且直译时不通顺，这时可以只翻译强势动词，而不翻译弱势动词。

2. 抽象名词的翻译（英译汉时常用）。我们一般认为在介词之前和冠词之后的名词是抽象名词，这是一种比较特殊的名词。在英译汉时，我们通常会用到两种方法：一是如果这个名词有动词词根，我们就把它翻译为动词；二是如果这个名词没有动词词根，我们就增一个动词。

表 12-1　英文中四种类型的句子

类型	翻译步骤
第一种：长句，无逗号或有较少逗号	先断句，再翻译，最后重读
第二种：长句，有较多逗号，无须断句	先判断句与句之间的逻辑关系，再决定先翻译哪个，后翻译哪个，最后重读
第三种：长句，有大量逗号，有大量生词	直接按照原有顺序翻译，查明每个生词的含义，最后重读，使译文更加通顺
第四种：短句，无逗号	再短的句子也要有逗号，采用"剥洋葱"的翻译方法

3. 增词与减词（英汉互译都有使用）。从英译汉的角度来说，有四种增词的方法。一是增评论性词，这种情况常常出现在文学作品中；二是增对象词或范围词；三是增范畴词；四是增动词，增动词又可以分为两种：一种是宾语前缺少动词，所以增动词，这称为"自然增词法"；另一种是抽象名词的增词，这称为"人为增词法"。

4. 谓语动词的层次性（汉译英时使用）。这个规律是用于汉译英的，因为中文是动态性语言，动词较多。我们在汉译英时需要在很多动词当中找到哪个动词是主要的，哪个动词是次要的。我们把最主要的动词作为核心谓语，把次要的动词作为非谓语动词或是从句，再次要的动词作为介词，最不重要的动词不翻译。当然，我们在判断这些动词哪一个更重要的时候比较困难，因为这需要先准确判断句子之间和词与词之间的逻辑关系。

5. 谓语动词的分堆和分层（汉译英时使用）。大家会发现中文里常常出现多个短句聚集的句型，我们一方面需要考虑这些短句里动词之间的关系，哪一个是最重要的，哪一个是其次重要的，哪一个又是最不重要的，这个过程称为谓语动词的层次性，也是我们熟知的分层。

除此之外，大家也会发现当一个句子中出现了多个动词或者有大量的短句时，我们也有可能不会把这些短句翻译成一个英文句子。那么，我们就需要考虑把哪些动词所在的短句放在一起翻译，这样的过程称为"动词的分堆"。比如，一个句子中有五个短句且每个短句中各有一个动词，我们一般会考虑把前三个动词所在的三个短句翻译为一句，后两个动词所在的两个短句翻译为一句。但是，在翻译实践中如何进行分堆是要根据上下文的语境来判断的，不能形而上学，望文生义。

当然，准确判断对一个句子到底是进行分层还是分堆，这需要长期的实践和训练才能掌握。有一点我们必须确定，即在做汉译英时一定要做分堆或分层的工作。

第四，一个原则——1。

本书中的"一个原则"是指"偏正结构和主谓结构的互换"（英汉互译都有使用）。在英汉互译时，为了让句子更加通顺，我们可以将主谓结构翻译为偏正短语，也可以将偏正短语翻译为主谓结构，这个方法是为了让句子更加通顺，而不是必须使用！

第五，十种译法——10。

在本书中还提到十种较为经典的英汉互译的方法，这些方法对初学翻译的同学来说是最重要的。在这里和同学们再回顾一下。

第一，定语从句的翻译。定语从句按照"短前长后"的原则进行翻译，一般来说有三种译法，即前置、后置和句首译法。在讲解定语从句的过程中，我们还说到了"循环套用"和"并列套用"两种特殊情况。

第二，非谓语动词的翻译。如果非谓语动词在一个句子的最前面，那么我们首先要做的事情就是找主语；如果非谓语动词在一个名词的后面，我们就认为这是一个定语从句，按照定语从句的翻译方法进行翻译即可，当然也有可能是伴随状语，具体情况具体分析。

第三，被动语态的翻译。中文里不善于用"被"，而英文中"被"却很常见，所以在翻译时我们主张用四种方法来避免"被"在中文里出现：一是"被动语态变成主动语态"，这种方法常用于没有宾语的被动语态的翻译；二是找"被"的替代词，一般来说我们可以用"受到""遭到""为……所"等来代替"被"；三是在科技文献中，我们用"可以"来代替"被"；四是"有被不用被"的译法。

第四，英文中代词的译法。中文善于用名词或省略，英文善于用代词，所以英译汉时要注意代词的译法。一般来说，英文中代词的翻译遵循两点：一是代词指明要点；二是代词的翻译要不抽象，不具体。

第五，英文中形容词和副词的译法。英文中的形容词和副词是两个比较活跃的词类，在翻译时我们要格外注意。总体来说，形容词和副词的翻译可分为三种情况。一是用形容词和副词的延伸含义，一般不用其原意；二是形容词和副词相互转换（因为它们本身就是同源词）；三是长的形容词和副词，尤其是在文学作品中，可以单独翻译为一个短句。

第六，事实与评论的关系。一般来说，中文先说事实，后评论；英文先评论，后说事实。

第七，中文里的双动词结构。一个句子中若有多个动词，建议分成一句中只含有两个动词的句式结构。双动词的翻译可以使用并列、伴随和下沉的译法。

第八，中文里换主语的问题。中文是非平衡性语言，语句中各个部分长度不一；英语是平衡性语言，句子中各个部分长度较平均。所以在翻译中，我们常常用换主语的方法来处理汉译英的问题。一般来说，汉译英换主语时主要有三种情况：一是偏正短语取"偏"做主语，然后想办法处理"正"；二是在中文句子中找到"隐藏主语"；三是用被动语态的方法来翻译无主语的句子，这时会用到"就近原则"。

第九，中文四字短语的翻译。中文里有较多的四字短语，我们在翻译的时候要格外仔细。我们把中文四字短语分为三种类型：一是 AABB 型，只翻译 AB；二是 ABA′B′ 型，只翻译 AB 或 A′B′；三是 ABCD 型，需要用解释的方式进行翻译。

第十，有中国特色词汇的译法。每种语言中都有很多具有本民族特色的词汇，中文也不例外，我们在翻译这些词语的时候既要尊重本民族的语言，也要遵守英文的相关要求。这里，我们把有中国特色词汇的译法总结为以下三种：第一，直译法，用拼音直接写出这个词，或用英文直接翻译；第二，用增词的方法来进行解释；第三，在页面的底部用脚注的方式解释句子中不容易理解的部分。

以上这些内容就是本书的精华，当然除此以外我们还说到了很多其他的知识点，如分译与合译、重译法、直译与意译等很多知识点，这些知识点同样十分重要，希望同学们能认真地复习这些要点。

二、未来英汉互译该怎么学？怎么练？

很多同学学完这本书之后觉得还是很有收获的，但是这只是英汉互译的入门级教程，那么，接下来你该如何实践这些方法和技巧？若要参加各种翻译考试，你又该怎么办呢？

这本书到这里就结束了，但是这只是同学们学习翻译的第一步，至于后面该怎么练，该怎么学，该如何准备各种考试，请一定要仔细听本书的配套视频课里的内容！

最后，感谢各位的支持！祝大家好运，也希望大家继续跟着我一起学习翻译！

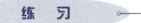

练 习

英汉互译段落翻译

（一）

改革开放，是中华民族自强不息和变革创新精神在当代的集中体现和创新性发展。我们把改革开放叫作社会主义改革开放，因为它是中国社会主义制度的自我完善和发展。近二十年的实践已经充分证明，我们进行改革的方向是正确的，信念是坚定的，步骤是稳妥的，方式是渐进的，取得的成就是巨大的。虽然在前进中也遇到这样和那样的一些困难和风险，但是我们都顺利地解决了，不仅没有引起大的社会震动，而且极大地解放和发展了生产力，保持了社会的稳定和全面进步。

现在，我们正在满怀信心地全面推进改革开放。在经济上，要加快建立社会主义市场经济体制，实现工业化和经济的社会化、市场化、现代化；在政治上，要努力发展社会主义民主政治，依法治国，建设社会主义法治国家，保证人民充分行使管理国家和社会事务的权利；在文化上，要积极建设面向现代化、面向世界、面向未来的，民族的科学的大众的社会主义文化，实行科教兴国战略，不断提高全民族的思想道德素质和科学文化素质。总体来说，就是要把中国建成为富强民主文明的现代化国家。

中国作为疆域辽阔、人口众多、历史悠久的国家，应该对人类有较大的贡献。中国人民所以要进行百年不屈不挠的斗争，所以要实行一次又一次的伟大变革、实现国家的繁荣富强，所以要加强民族团结、完成祖国统一大业，所以要促进世界和平与发展的崇高事业，归根到底就是一个目标：实现中华民族的伟大复兴，争取对人类作出新的更大的贡献。①

（二）

In spite of the title, this article will really be on how not to grow old, which, at my time of life, is a much more important subject. My first advice would be to choose your ancestors carefully. Although both my parents died young, I have done well in this respect as regards my other ancestors. My maternal grandfather, it is true, was cut off in the flower of his youth at the age of sixty-seven, but my other three grandparents all lived to be over eighty. Of remoter ancestors I can only discover one who did not live to a great age, and he died of a disease which is now rare, namely, having his head cut off. A great-grandmother of mine, who was a friend of Gibbon, lived to the age of ninety-two, and to her last day remained a terror to all her descendants. My maternal grandmother, after having nine children who survived, one who died in infancy, and many miscarriages, as soon as she became a widow devoted herself to women's higher education. She was one of the founders of Girton College, and worked hard at opening the medical profession to women. She used to relate how she met in Italy an elderly gentleman who was looking very sad. She inquired the cause of his melancholy and he said that he had just parted from his two grandchildren. "Good gracious," she exclaimed, "I have seventy-two grandchildren, and if I were sad each time I parted from one of them, I should have a dismal existence!" "Mdare snaturale," he replied. But speaking as one of the seventy-two, I prefer her recipe. After the age of eighty she found she had some difficulty in getting to sleep, so she habitually spent the hours from midnight to 3 a.m. in reading popular science. I do not believe that she ever had time to notice that she was growing old. This, I think, is proper recipe for remaining young. If

---

① 节选自江泽民同志访问美国期间在哈佛大学发表的题为《增进相互了解，加强友好合作》的演讲，1997年11月1日。

you have wide and keen interests and activities in which you can still be effective, you will have no reason to think about the merely statistical fact of the number of years you have already lived, still less of the probable brevity of your future.

As regards health I have nothing useful to say since I have little experience of illness. I eat and drink whatever I like, and sleep when I can not keep awake. I never do anything whatever on the ground that it is good for health, though in actual fact the things I like doing are mostly wholesome.

Psychologically there are two dangers to be guarded against in old age. One of these is undue absorption in the past. It does not do to live in memories, in regrets for the good old days, or in sadness about friends who are dead. One's thoughts must be directed to the future, and to things about which there is something to be done. This is not always easy: one's own past is a gradually increasing weight. It is easy to think to oneself that one's emotions used to be more vivid than they are, and one's mind more keen. If this is true it should be forgotten, and if it is forgotten it will probably not be true.

The other thing to be avoided is clinging to youth in the hope of sucking vigor from its vitality. When your children are grown up they want to live their own lives, and if you continue to be as interested in them as you were when they were young, you are likely to become a burden to them, unless they are unusually callous. I do not mean that one should be without interest in them, but one's interest should be contemplative and, if possible, philanthropic, but not unduly emotional. Animals become indifferent to their young as soon as their young can look after themselves, but human beings, owing to the length of infancy, find this difficult.